# Airline Service Manner

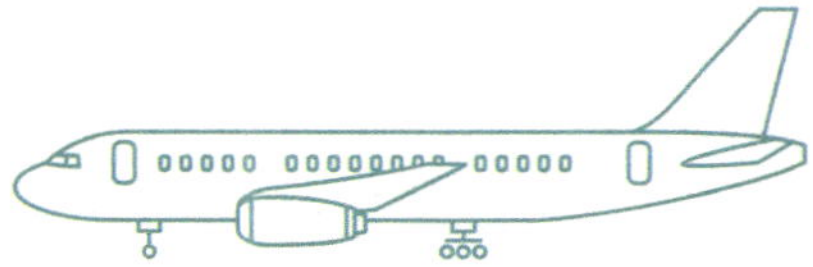

NCS 기반

예비승무원을 위한

# 항공서비스 매너

심지연 저

# PREFACE

Airline Service Manner

본 교재는 항공사 입사를 희망하는 예비 항공인 들의 항공서비스 매너의 기초를 다지기 위해 NCS의 항공서비스 매너 능력단위의 내용을 기반으로 하여 구성하였다.

PART 1에서는 **'기본 매너 갖추기'** 로 고객 서비스, 매너 있는 서비스 대화, 글로벌 매너를 쉽게 익힐 수 있도록 구성하였다. PART2에서는 본격적인 **'항공서비스 매너 관리하기'**의 내용으로 항공사에서 요구하는 용모 및 복장, 이미지 메이킹, 호감주는 음성 만들기, 상황별 기본 매너로 구성하였다.

항공사에서 요구하는 전반적인 기초 매너와 세부적인 이미지 메이킹 및 매너를 익히기 위해 쉽게 따라 할 수 있도록 구성하였으며 QR코드의 동영상 자료로 보다 이해를 쉽게 할 수 있도록 구성하였다. 또한, 헤어나 메이크업의 방법은 실제 현장의 승무원이나 항공사 직원이 사용하는 방법을 알려주기 위해 현장 실무자의 노하우를 조사하여 집필하였기 때문에 보다 실질적인 도움을 줄 수 있으리라 생각한다.

본 교재의 내용을 토대로 연습하고 본인의 모습으로 만들어간다면 항공사 입사라는 꿈에 다가가는데 큰 도움이 되리라 생각한다.

저자 심 지 연

# PART 01 기본 매너 갖추기

# CONTENTS

Airline Service Manner

## PART 02 항공서비스매너 관리하기

# 항공서비스매너 진단평가

Airline Service Manner

## 진단평가 문항

| 번호 | 문항 | 1 | 2 | 3 | 4 | 5 |
|---|---|---|---|---|---|---|
| 1 | 나는 서비스가 무엇인지 설명할 수 있다 | | | | | |
| 2 | 나는 항공사 승무원이라는 직업에 대해 설명할 수 있다 | | | | | |
| 3 | 나는 고객의 중요성에 대해 설명할 수 있다. | | | | | |
| 4 | 나는 상대방의 입장을 먼저 생각할 줄 안다. | | | | | |
| 5 | 나는 처음 만난 사람과도 쉽게 가까워질 수 있으며 호감을 주는 편이다. | | | | | |
| 6 | 나는 여러 사람과 대화를 나누는 것이 좋다. | | | | | |
| 7 | 나는 내 자신이 타인에게 어떻게 보여 지는지에 대해 관심이 있다. | | | | | |
| 8 | 나는 외국인을 만나도 매너 있고 자신감 있게 행동할 수 있다. | | | | | |
| 9 | 나는 단정한 복장을 갖추기 위해 늘 노력한다. | | | | | |
| 10 | 나는 바르게 걷고 인사할 수 있다. | | | | | |
| 11 | 나는 타인과 대화할 때 웃으면서 이야기하는 편이다. | | | | | |
| 12 | 나는 나의 얼굴형에 맞는 헤어를 연출할 수 있다. | | | | | |
| 13 | 나는 인생의 목표가 뚜렷하고 이를 위해 부단히 노력한다. | | | | | |
| 14 | 나는 대화 시 말의 내용, 표정, 태도에 신경 쓴다. | | | | | |

# PART 1
# 기본 매너 갖추기



Airline Service Manner

CHAPTER 01

# 고객서비스



**생각해봅시다**

1. 본인이 알고 있는 대표적인 서비스 업종을 10가지 이야기해봅시다.
2. 본인이 이용한 서비스 중 가장 좋은 기억으로 남은 서비스가 있습니까? 어떤 서비스였는지 구체적으로 칭찬해 봅시다.
3. 반대로 본인이 이용한 서비스 중 좋지 않은 기억으로 남은 서비스가 있습니까? 왜 좋지 않은 기분이 들었는지 자세히 설명해봅시다.
4. 본인이 현재 고객으로서 이용하고 있는 서비스를 모두 적어봅시다.

## 1 서비스의 이해

### 1) 서비스의 개념

시대의 흐름에 따라 고객은 단순히 유형의 재화를 구매하는 것이 아닌 서비스를 구매하는 시대가 되었다. 제조업에서 서비스업으로의 경제적 변화를 통해 서비스가 강조되면서 고객이 어떤 상품을 구매하고 경험할 때는 양이나 빈도도 중요하지만 제품의 품질과 서비스에 대한 관심이 높아지고 있다.

서비스는 유형의 재화와 그에 수반되는 무상의 서비스라는 기본적 개념을 넘어 관광, 운수, 금융, 의료, 여행, 호텔, 법률, 외식업 등 다양한 분야에서 산출하는 서비스라는 다양한 의미를 가지고 있다.

- 활동론적 정의

서비스를 활동으로 보는 개념으로 '서비스란 판매목적으로 제공되거나 상품 판매와 연계하여 제공되는 활동, 편익 만족' 이라는 정의이다.

예 오락서비스, 호텔서비스, 수송서비스, 미용서비스 등

- 속성론적 정의

서비스를 시장에서 판매되는 무형의 상품으로 정의하면서 무형과 유형의 구분을 손으로 만질 수 있는지 없는지의 여부로 나누는 개념이다.

## 2) 서비스의 다양한 의미

| 서비스의 의미 | 용어의 사용 |
|---|---|
| 무형재의 의미 | • 호텔, 항공사, 외식업은 서비스업에 포함된다. |
| 기업의 저가, 무료 제공행위 | • 특가 제주 19000원 항공권<br>• 1+1 으로 한 개를 더 드립니다. |
| 금융적 급부 | • 방송 중 주문하시면 24개월 무이자 할부 혜택을 드립니다. |
| 구체적 업무 행위, 제도 | • 마켓컬리의 새벽배송서비스<br>• 고객은 서비스가 다양하고 좋은 업체를 이용한다. |
| 고객 접점선상의 접객 종사원의 고객응대 자세나 태도 | • 저 승무원은 매우 친절하다.<br>• 요즘 000식당의 서비스가 예전만 못하다. |

출처: 고객서비스실무 (박혜정. 2010)

## 2 서비스의 특성

항공사의 업무는 고객의 요청사항을 듣고 이를 수행하는 서비스 업무가 주를 이룬다. 이러한 서비스 직무 수행을 위해서는 서비스의 특징을 잘 이해해야 좋은 서비스를 제공할 수 있으며 서비스의 문제점을 해결할 수 있다.

서비스는 무형성, 비분리성(동시성), 이질성, 소멸성의 특징을 갖는다.

### 1) 무형성 (Intangibility)

서비스는 유형의 재화와 다르게 물리적으로 어떤 하나로 정의되는 개념이 아니다. 가시적인 실체가 아니라 하나의 경험이므로 객관적, 일률적으로 품질을 규정하기가 어렵다. 또한 유형의 재화처럼 보고 만질 수 없는 경험이므로 서비스를 경험하기 전까지 서비스 상품의 품질과 견본 제시가 어렵다.

이러한 무형성 이라는 서비스 특징을 보완하기 위해서 유형적인 물리적 환경이나 단서를 강조하고 구매 후 긍정적 구전을 강화할 필요가 있다.

### 2) 비분리성/동시성 (inseparability)

생산과 소비가 동시에 일어나는 특징이다. 유형의 제품은 생산 후 고객에게 전달되지만 무형의 서비스는 고객과의 접점 선상에서 서비스라는 경험으로 전달되기 때문에 서비스가 발생하는 시점에 동시에 고객은 그 서비스를 소비하게 되는 것이다. 서비스 제공 시 물리적 요건도 중요하며 이러한 동시성의 특징 때문에 서비스를 경험하고 이용하기 전 품질을 규정하기 어렵다.

### 3) 이질성 (Heterogeneity)

서비스는 품질이 일정하지 않다. 서비스는 제공자의 수준이나 시간, 장소 등에 따라 서비스의 품질과 내용이 다르게 나타난다. 또한, 서비스를 제공받는 고객의 기대나 수준, 선호 성향 등의 차이로 같은 서비스를 제공 받고도 서비스에 대한 평가를 다르게 내릴 수 있다. 이러한 서비스의 특징을 보완하기 위해 서비스 제공은 상세한 내용의 표준화 및 고객 특성별 맞춤서비스 제공을 위한 노력이 필요하다.

### 4) 소멸성 (Perishability)

서비스는 고객과의 접점 선상에서 일어나는 경험이므로 저장을 할 수 없고 서비스 제공의 시간이 지나면 사라진다. 따라서 서비스는 재고를 보관하기 어렵다. 이를 보완하기 위해 수요와 공급 간의 조화를 위한 노력이 필요하다.

## 3 서비스 품질

고객 만족 서비스 제공을 위해서는 서비스의 품질을 결정하는 요소에 대한 이해가 필요하다. 서비스 품질의 구성에 대한 이해를 통해 서비스 제공 시 어떤 부분에 집중해야 하는지를 알 수 있고 좋은 서비스 제공을 위한 노력과 계획의 기본 바탕이 될 수 있다. 서브퀄(SERVQUAL)이란 서비스의 품질을 측정하기 위한 도구를 말한다. 서비스에 대한 고객의 기대와 경험의 일치 정도를 분석하는 기법을 말하는 것이다. 유형성, 신뢰성, 반응성, 확신성, 공감성으로 구성된 5가지 요소를 통해 서비스 품질을 확인할 수 있다.

### 1) 유형성(Tangibles)

- 시설, 장비, 직원들의 외적태도
- 시각적, 외형적인 서비스 품질을 향상시키기 위한 직원의 태도와 행동

### 2) 신뢰성(Reliability)

- 정확한 서비스를 수행하는 능력
- 약속된 서비스를 정확하게 수행하려는 직원의 태도와 행동

### 3) 반응성(Responsiveness)

- 즉각적인 서비스 능력
- 고객에게 신속한 서비스를 제공하려는 직원의 태도와 행동

### 4) 확신성(Assurance)

- 고객에게 신뢰를 주는 능력
- 직원이 서비스에 필요한 지식, 예의를 갖추려는 노력 정도

### 5) 공감성(Empathy)

- 고객에 대한 관심과 배려
- 고객에 대한 충분한 이해와 원활한 커뮤니케이션. 고객의 이용 용이성을 높이려는 태도와 행동

## 4 서비스 마인드

### 1) 서비스 지향적 태도

고객 만족을 위한 서비스를 위한 서비스 마인드 함양을 위해서는 고객을 중심으로 생각하는 서비스지향성에 대해 생각해 볼 필요가 있다. 항공사의 항공운송 서비스는 유형적 요소보다 서비스라는 무형적 요소가 더 많은 산업이기 때문에 인적 자원에 대한 의존도가 높은 산업이며 따라서 항공기내에서의 서비스를 담당하는 승무원이라는 인적 자원은 항공사의 서비스품질을 좌우하는 중요한 요소가 되는 것이다. Parasuraman(1985)에 의하면 고품질의 서비스 결정요소가 무엇인가라는 질문에 가장 많은 대답이 나온 것은 개인적 관심(personal attention)이었고 그 다음으로 신뢰성, 신속성, 종사원의 능력 순이었다. 서비스지향성은 직원이 고객중심의 심리에서 고객의 가치와 기대에 부합한 상품을 창조하려는 심리에서 유발되는 태도로 직원이 서비스를 제공하는 과정에 대한 품질(processquality)의 개념이다.

앞서 살펴본 내용으로 Parasuraman(1985)은 서비스의 품질을 측정하는 유형성(Tangibles), 신뢰성(Reliability), 응답성(Responsiveness), 확신성(Assurance), 공감성(Empathy)의 다섯 가지 차원을 제시하였다. 서비스의 품질은 그 결과뿐 아니라 그 서비스가 전달되는 과정인 과정품질이 중요하며 서비스의 품질을 결정하는 것이 종사원들의 서비스 지향성이라는 사실을 보여주고 있으며 기업의 성공에 미치는 종사원의 서비스 지향성의 영향을 인식할 필요성을 뒷받침 한다. 서비스 직원들의 고객 중심적 서비스 지향성은 고객의 만족을 높일 수 있을 뿐만 아니라 종사원들의 고객 중심적 행동은 조직과 고객 모두에게 혜택이 되는 장기적 관계를 수리하는데 도움을 주게 되는 것이다. 기업의 입장에서는 이를 통하여 가장 효율적으로 기업을 경영하고 상품의 질을 향상시키며 이윤을 창출하게 된다.

## 2) 서비스 마인드 체크리스트

### 진단평가 문항

| 번호 | 문항 | 1 | 2 | 3 | 4 | 5 |
|---|---|---|---|---|---|---|
| 1 | 나는 서비스 제공 시 복장과 용모에 늘 신경을 쓰며 단정하게 하려고 노력한다. | | | | | |
| 2 | 나는 기내 환경을 청결하게 가꾸고 쾌적한 분위기를 유지하려고 노력한다. | | | | | |
| 3 | 승객의 요구사항을 정해진 시간 내에 완수하려고 노력한다. | | | | | |
| 4 | 나는 승객이 문제를 제기하면 즉시 관심을 보이고 문제를 해결해 주려고 노력한다. | | | | | |
| 5 | 나는 승객의 요구에 대하여 한 번에 만족할 만한 서비스를 제공해 주기 위해 노력한다. | | | | | |
| 6 | 나는 승객이 요구하기 전에 자발적으로 도와주려고 노력한다. | | | | | |
| 7 | 나는 다른 업무를 수행 중일 때도 승객의 요구가 있으면 우선적으로 응하여 준다. | | | | | |
| 8 | 나는 비행 중 승객과 관련된 특이사항을 작성 및 공유한다. | | | | | |
| 9 | 나는 승객에게 승무원으로서의 믿음을 주려고 노력한다. | | | | | |
| 10 | 나는 우리가 제공하는 비행중의 서비스를 받는 승객이 편안한 느낌을 가질 수 있도록 노력한다. | | | | | |
| 11 | 나는 서비스 제공 시까지 소요되는 시간을 승객에게 명확하게 알려주려 하는 편이다. | | | | | |
| 12 | 나는 승객의 요구에 신속하게 서비스를 제공하려 노력한다. | | | | | |
| 13 | 나는 승객에게 변함없이 공손하게 대한다. | | | | | |
| 14 | 나는 서비스와 관련된 지시, 공지 및 서비스 매뉴얼을 충분히 숙지하고 승객의 다양한 질문에 답변해 주기 위해 노력한다. | | | | | |
| 15 | 나는 승객 한 분 한 분께 개별적인 관심을 가지려 노력한다. | | | | | |
| 16 | 나는 승객이 원하는 사항을 승객이 말하기 전에 먼저 파악하려고 노력한다. | | | | | |
| 17 | 나는 나 자신 혹은 우리 회사의 입장보다는 승객의 입장을 먼저 생각하며 응대하려고 노력한다. | | | | | |

## Review

1. 서비스의 다양한 개념에 대해 설명해 봅시다.

2. 서비스의 특징 4가지를 설명해봅시다.

3. 서비스 품질의 구성요소 5가지를 설명해봅시다.

4. 서비스 지향적인 마인드와 태도를 함양하기 위해 구체적으로 지켜야 할 것을 10가지 이상 설명해봅시다.

## 5 MOT

### 1) MOT 이해하기

#### ① 진실의 순간(Moment of Truth=MOT)의 개념

고객이 서비스를 제공받는 불과 몇 초 순간의 접촉과정에서 고객은 만족이나 불만을 느낄 수 있다. 서비스 품질을 고객이 인식하는 결정적인 역할을 하는 순간을 MOT(Moment of Truth)라고 하며 '진실의 순간' 혹은 '결정적인 순간'이라고 한다. 고객이 서비스를 제공하는 접점에서 서비스를 제공하는 조직 및 품질에 대해 어떤 인상을 받는 순간을 말한다.

M.O.T(Moment Of Truth)는 스페인의 투우 용어인 'Moment De La Verdad'를 영어로 옮긴 것으로 투우에서 투우사가 소의 급소를 찌르는 순간, 소와 투우사의 운명 이 갈리는 순간을 가리킨다. 즉, '피하려 해도 피할 수 없는 순간' 또는 '실패가 허용되지 않는 순간' 등의 매우 결정적인 순간을 의미한다.

이러한 투우 경기의 특성을 바탕으로 훗날 스웨덴의 마케팅학자인 라차드 노만 (R.Norman)교수가 제창한 개념으로 고객과의 접촉에서 결정적인 순간을 의미한다. 서비스에 대한 가장 생생한 인상은 고객이 서비스기업과 서로 상호작용하는 서비스접점 또는 고객접점의 순간에서 받게 된다. 노먼 교수에 의하면 고객이 광고를 볼 때, 주차장에 차를 세울 때, 회사로비에 들어설 때, 우편으로 받은 청구서를 받을 때와 같이 기업이 제공하는 서비스의 다양한 접점과 고객이 만나는 순간이 바로 진실의 순간이다.

### ② 사례를 통한 MOT

● 스칸디나비아(SAS)항공

1970년대 말 오일쇼크로 2년 연속 적자를 보이던 스칸디나비아 항공에 39세의 나이로 사장이 된 얀 칼슨(Jan Carlzon)은 한해에 천만명의 승객이 각각 5명의 직원의 응대를 받았고 1회 고객과 접촉한 평균 시간이 15초 임을 알아냈다. 이처럼 직원들이 고객을 만나는 짧은 그 순간 15초가 '진실의 순간' 임을 강조했다. 이 순간동안 고객은 우리의 단골고객, 평생 고객이 되느냐 다시는 찾지 않게 되느냐를 결정하는 순간이라고 했다. 그는 기내식이 지저분하면 승객들은 비행기 전체가 청결하지 않다고 느낀다고 강조하면서 고객이 접하게 되는 그 어떤 순간도 간과 할 수 없는 '진실의 순간' 임을 강조하였다. 그 결과는 매우 성공적이었고, 8백만 달러 적자였던 상황에서 1년 만에 7천 1백만 달러 흑자로 바뀌었다. MOT를 강조하고 관리하여 성공한 대표적 사례라 할 수 있다.

● 아웃백 스테이크 하우스(Outback steak house)

OUTBACK STEAKHOUSE®

'아웃백 스테이크하우스'는 패밀리 레스토랑 1위 업체로 성장한 '아웃백 스테이크 하우스'는 '고객이 원하면 불가능할 것이 없다(No Rules, Just Right)'는 슬로건과 다양한 서비스로 동종업계의 최고의 벤치 마킹 대상이 되고 있다.

'아웃백의 MOT 관리'를 살펴보면, 매장에 들어서는 순간 서버들이 문을 열어 주며 인사를 건넨다. 또한 대기를 하는 경우 제공되는 '웨이팅 푸드

(waiting-food)서비스'는 아웃백의 특별한 서비스 중 하나이다. 매장이 만석일 경우 기다리는 고객의 대기시간의 접점관리로 약간의 음식을 제공하는 서비스이다. 또한 테이블마다 담당 서버가 배치되어 있으며 서버의 안내로 자리에 앉으면, '부쉬맨 브래드(Bushman Bread)'라는 아웃백 만의 호밀 빵을 서빙해 준다. 주문을 받을 때는 손님과 편안하게 대화를 하기 위해서 무릎을 꿇고 눈높이를 맞추는 퍼피독(Puppy Dog) 서비스를 제공한다. 식사 중에는 담당 서버는 음료를 계속 리필해주며, 계산 시에는 영수증에 짧은 메시지로 감사함을 표시한다. 계산을 마치고 돌아갈 때 고객이 원할 경우에는 부쉬맨 브래드와 커피를 TO-GO용으로 제공하기도 하는데 이는 마지막 까지 좋은 서비스 인상을 줄 수 있다. 서비스 기업은 서비스 접점 하나하나가 고객의 기억 속에 기업 자체의 이미지로 남을 수 있다. 고객 한 명, 혹은 잠재 고객이라도 성실히 응대하는 자세가 필요하다. 레스토랑에 입장해서 나올 때까지의 서비스 접점을 잘 관리한 예라 할 수 있다.

### ③ MOT 관리의 법칙

- 곱셈의 법칙

100-1=0

고객이 여러가지 다양한 서비스 접점에서 최상의 서비스를 경험했다 하더라도 단 한번의 불만족스러운 서비스를 경험했다면 결국 전체 서비스에 대한 만족도를 '0'으로 만들어 버린다는 내용이다. 곱셈의 법칙(100-1=99가 아니라 100×0=0이라는 법칙)에 따라 고객과의 접점의 순간에서 최상의 서비스를 제공할 것을 강조한다. 항공사의 경우 예약시 고객을 응대하는 직원의 태도나 행동이나 예약사이트의 편리성도 하나의 서비스 접점이 될 수 있고 탑승 후 기내의 서비스 중 환영인사에서부터 음료서비스 식사서비스, 승객 휴식시간 중의 서비스와 하기할 때까지의 서비스 매 순간이 진실의 순간 인 것이다. 이러한 많은 서비스 접점 중 어느 하나가 실패하게 되면 그 서비스를 경험한 고객은 '서비스가 좋았다'는 기억보다 '서비스가 좋지 않았다'라고 느낄 수 있으므로 서비스 접점의 어느 한순간도 실패하지 않도록 잘 관리해야 한다. 고객접점에서 발생하는 MOT가 특히 중요한 이유 중 하나는 고객이 경험하는 서비스 품질이나 만족도에도 이 '곱셈의 법칙'이 적용되기 때문이다. 고객접점에서 발생하는 MOT 중 어느 하나만 만족시키지 못하더라도 한 순간 고객을 잃어버릴 수 있다.

### ④ MOT의 3요소

| | |
|---|---|
| Hard-ware | 고객이 체험하는 서비스 제공기업 내 모든 공간을 의미한다. |
| Soft-ware | 고객이 접하는 서비스 시스템(서비스시스템의 절차, 업무처리, 대기관리 등)을 의미한다. |
| Human-ware | 고객이 체험하는 직원의 고객지향성, 즉 고객지향적 태도(용모, 복장, 태도, 서비스매너, 성실성, 신뢰성 등)를 의미한다. |

## 2) MOT의 주요 포인트 이해하기

### ① MOT 사이클

고객이 처음으로 서비스를 접촉해서 서비스가 마무리될 때까지의 전체 과정을 고객의 입장에서 그려보는 방법이다. 이를 위해 고객이 경험하는 서비스접점들을 리스트화하여 고객이 서비스를 받기 시작하는 시점부터 서비스의 완료 시점까지를 정리해본다. 이 과정에서 해당 서비스의 접점에서 주의해야 할 부분이 어떤 것인지, 불량 포인트가 있는지 고객의 입장에서 분석해 본다.

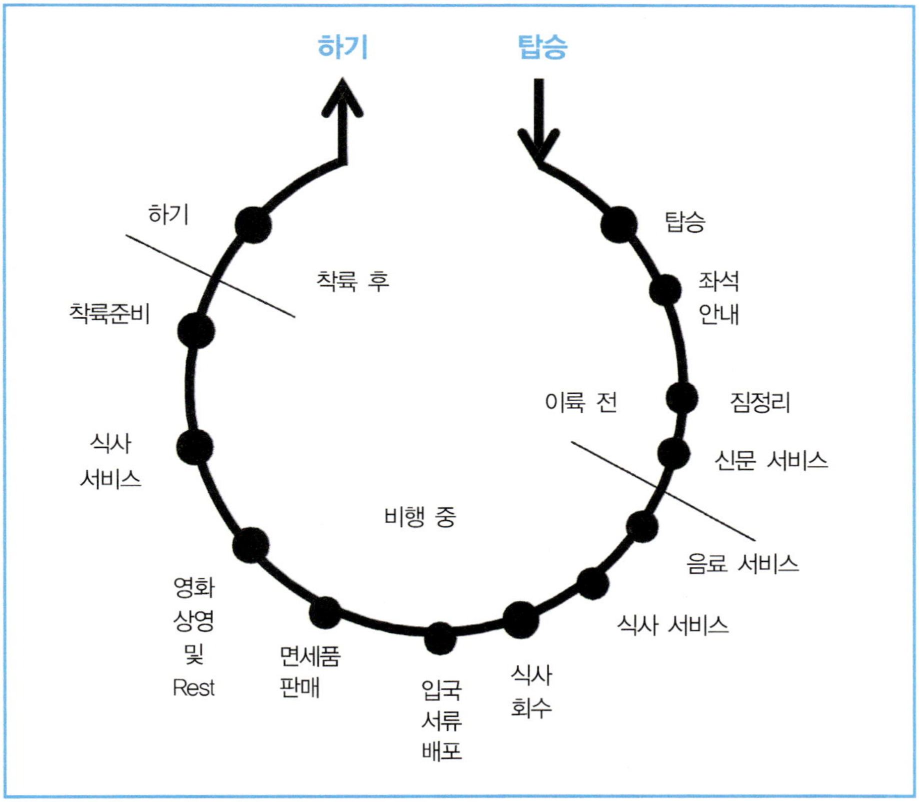

서비스 제공자들은 실제로 고객이 경험하는 서비스의 전체 흐름과 전체 접점을 이해할 필요가 있다. 이를 통해 서비스 전달 전체적인 시스템을 돌아보고 실패의 포인트는 없는지 만족을 위해 더 강화해야 하는 포인트는 없는지 돌아봄으로써 더 나은 서비스를 제공할 수 있다.

- 항공사서비스의 경우를 예로 들면, 고객은 다음과 같은 서비스 접점선상의 MOT를 경험할 수 있다.

- 정보를 얻기 위해 전화를 하거나 인터넷 혹은 앱을 사용할 때
- 예약할 때(전화응대, 사이트나 앱의 편리성 등)
- 체크인 순서를 기다리고 있을 때(대기 관리)
- 탑승권 판매직원과 카운터에서 만났을 때
- 요금을 지불하고 탑승권을 받는 순간(정보제공, 업무의 처리 등)
- 보안검사대를 통과할 때
- 출발라운지에서 출발을 기다릴 때
- 티켓을 건네고 탑승할 때
- 탑승하여 승무원의 환영을 받을 때
- 좌석을 찾고 있을 때
- 좌석에 앉았을 때
- 음료를 서비스 받을 때
- 식사서비스를 받을 때
- 화장실 이용시
- 면세품 판매시
- 영화 상영 및 휴식시
- 하기시

- MOT는 서비스 제공자가 고객에게 서비스품질을 보여 줄 수 있는 극히 짧은 시간이지만, 자사에 대한 고객의 인상을 좌우하는 매우 중요한 순간이기 때문에 MOT 사이클 전체를 관리해야 한다.

## 6 MOT의 주요 Point 알아보기

### ① 고객의 관점에서 생각해보기

고객만족을 위해서는 적극적으로 대처하는 자세나 고객을 유인할 수 있는 차별화 포인트를 찾아내려는 자세도 필요하지만, 고객의 입장이 되어 고객의 관점, 관심사, 니즈를 파악하려는 자세가 가장 중요하다. 즉, 서비스 마인드의 기본은 '타인에 대한 관심과 이해'라고 할 수 있다.

서비스를 제공하는 사람은 해당 분야에 대해 잘 알기 때문에 고객의 기대와 요구를 잘 알고 있다고 생각할 수도 있다. 그러나 이는 서비스맨의 관점에서 바라본 것이므로 진정한 고객 만족을 위해서는 철저히 고객의 입장이 되어 보아야 한다.

미국의 경영전문가 톰피터스(Tom Peters)는 자신의 저서 「경영혁명」 에서 "모든 비지니스의 기본은 고객의 소리를 듣는 것이며 많은 경쟁자들 중에서 승리를 얻는 곳은 고객의 소리를 가장 잘 듣고 그 기대에 부응하는 기업이다." 라고 말했다.

● 고객중심 MOT MAP

고객이 경험하는 서비스를 시간의 흐름과 서비스의 내용으로 순차적으로 배열하여 결과를 시각화한 것이다. 이를 통해 각 서비스의 품질과 효율성 및 서비스의 문제점을 파악할 수 있다.

### ◆ 실습 방법

**Step 1 :** 고객이 경험하는 서비스 시작부터 끝까지 고객이 경험하는 서비스 접점을 도식화 한다.

**Step 2 :** 도식화된 고객 여정 맵의 주인공(고객)을 떠올리며 관찰 시 발견된 주요 긍정적 감정(+MOT)과 부정적 감정(-MOT)를 고객 MOT map에 함께 작성한다.

**• TIP •** 긍정적 감정들!

고맙다 / 기쁘다 / 기분좋다 / 반갑다 / 행복하다 / 흐뭇하다 / 즐겁다 / 풍성하다 뿌듯하다 / 포근하다 / 시원하다 / 후련하다 / 통쾌하다 / 감격스럽다 / 만족하다 / 든든하다 / 상쾌하다 / 근사하다 / 멋있다 / 아늑하다 / 재미있다

**• TIP •** 부정적 감정들!

불쾌하다 / 답답하다 / 억울하다 / 서운하다 / 밉다 / 슬프다 / 후회스럽다 / 괘씸하다 / 당황스럽다 / 허탈하다 / 외롭다 / 실망스럽다 / 울적하다 / 속상하다 / 부끄럽다 / 민망하다 / 불안하다 / 원망스럽다 / 조심스럽다 / 걱정된다 / 아쉽다

● MOT Map 그려보기

본인이 경험한 커피 전문점의 고객중심 MOT map을 그려본다.

✈ Practice

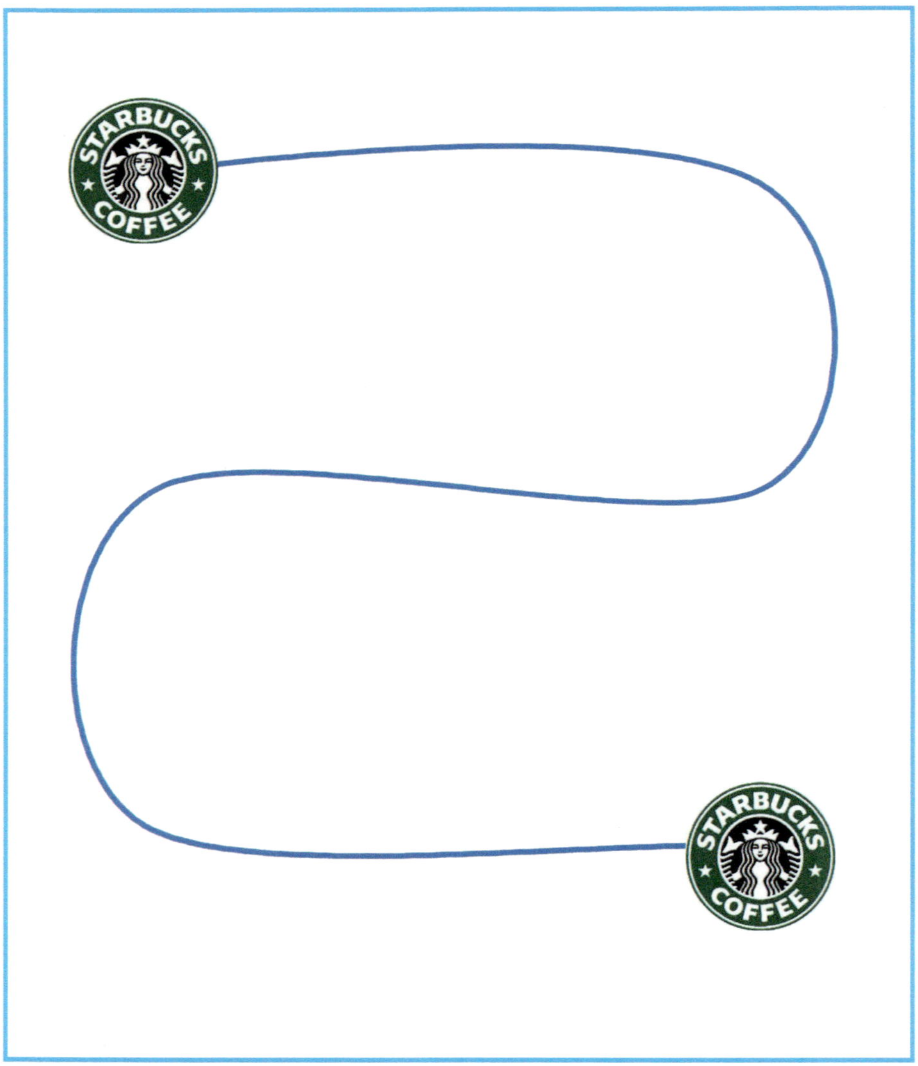

● 나의 경험을 통한 MOT 관리하기

**Practice**

- 최근에 경험했던 서비스 상황을 떠올려본다.

- 고객중심 MOT map을 그려본다.

- 부정적 감정(−MOT)이 예상되는 순간이 있다면 긍정적 감정(+MOT)을 느낄 수 있는 개선안을 작성해본다.

• 상황별 MOT에 대해 함께 공유한다.

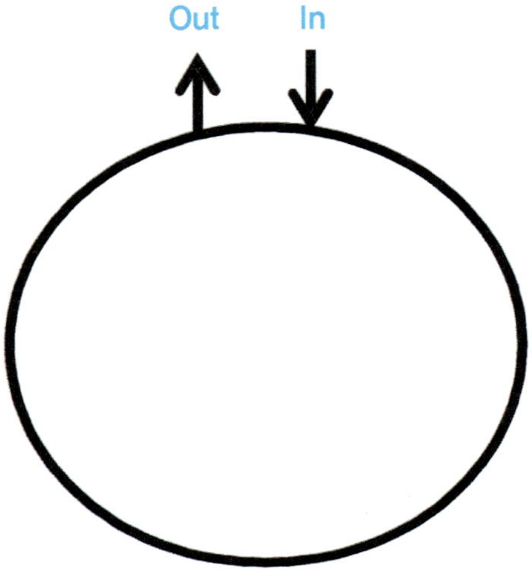

memo

# CHAPTER 02 매너 있는 서비스 대화



**생각해봅시다**

1. 매너를 갖춘 태도는 어떤 태도라고 생각하는가? '매너 있다' 혹은 '매너가 참 좋다'라는 평을 받기 위해서 가장 중요한 요소가 무엇이라 생각하는지 5가지만 이야기해보도록 한다.
2. 상대방에게 첫인상을 결정하는 요소에는 어떤 것이 있는가?
3. 고객에게 친절하다 라는 인상을 주기 위해서 신경 써야 하는 부분이 어떤 것이라 생각하는가? 본인이 고객이었던 상황을 떠올리면 의견을 나눠본다.

## 1 서비스 커뮤니케이션의 이해

### 1) 커뮤니케이션

커뮤니케이션의 어원은 '나누다' 라는 의미인 라틴어 'communicare'이다. 이는 서로 다른 생각, 경험을 가진 두 사람 이상이 어떤 특정 사항에 대해 의미와 이해를 만들어가는 과정이라 할 수 있다. 커뮤니케이션은 개인이 사회적 활동을 영위하는 기본적 수단이며 인간관계를 구성하는 기본요소이다. 서비스 직원의 서비스커뮤니케이션은 서비스 품질과 고객만족에 큰 영향을 미친다.

## 2) 커뮤니케이션의 종류

### ① 언어적 커뮤니케이션

사람의 생각이나 느낌을 소리나 글로 나타내는 것으로 인간은 언어를 통해 자신의 생각을 전달하고 타인의 생각을 수신하여 이해한다. 수신자가 정확히 이해할 수 있도록 정확하고 명확한 언어 메시지를 사용한다. 듣기, 공감, 맞장구치기, 말하기가 서비스 언어적 커뮤니케이션의 기본요소가 될 수 있다.

### ② 비언어적 커뮤니케이션

몸짓이나 시각 또는 공간을 이용하여 언어의 사용 없이 감정이나 생각을 소통하는 방법이다. 커뮤니케이션에서 언어를 제외한 잠재적 메시지를 의미한다. 커뮤니케이션의 93%가 비어적 요소로 구성되므로 의미전달에 많은 영향을 미친다. 또한 언어와 더불어 여러 가지 기능을 수행하며 정보전달에 있어서 상황이나 해석에 대한 중요한 단서가 될 수 있다. 감정적, 정서적 정보를 제공하며 무의식적으로 드러나는 경우가 많아서 신뢰성이 높은 의사전달 수단이 된다.

- ▶ 신체적 외양－신체적 매력, 헤어스타일, 복장
- ▶ 신체언어－자세, 눈의 접촉, 얼굴표정, 몸의 움직임
- ▶ 의사언어－공식적 언어가 아닌 인간이 내는 여러 가지 소리. 음조의 변화, 음량, 말의 속도, 말투 등
- ▶ 공간적 행위－ 육체적 공간의 거리를 어떻게 유지하고 의미를 부여하는가 하는 것이다. 상대에 대한 친밀감이나 신뢰도, 관심, 흥미 및 태도를 반영한다. 친밀한 거리 0-45cm, 개인적 거리 45-80cm, 사회적 거리 80cm-1.2m, 대중적 거리 1.2-3.7m

# 2 서비스 커뮤니케이션의 활용

## 1) 고객에게 배려있게 다가가기

서비스맨의 가장 기본은 고객의 입장, 상대방의 입장을 먼저 생각하는 '배려'가 필요하다. '역지사지'의 마음으로 고객의 언어를 파악하는 것이 중요하며 상대방(고객)을 위한 배려가 있어야 한다. 고객이 원하는 서비스가 무엇일까를 생각하고 고객의 숨은 의도를 파악하기 위해 노력해야 한다.

## 배려를 위한 3단계

### ① '경청'을 통해 마음 듣기

서비스 커뮤니케이션의 시작은 듣는 것으로 부터 시작된다. 고객과의 성공적인 커뮤니케이션을 위해서는 상대방의 이야기를 듣고 그 입장을 이해하는 것부터 시작해야 한다. 훌륭한 대화는 1번 말하고 2번 듣고 3번 맞장구치는 것이라 하는 이야기가 있다. 말을 하기 전에 먼저 듣는 습관을 갖도록 한다. 고객의 말을 듣고 맞장구를 치며 신뢰를 쌓고 질문을 통해 고객의 의도에 접근하는 것이 필요하다.

### ② '눈맞춤(eye-contact)'으로 마음열기

고객과의 대화에서 가장 중요한 부분은 고객의 마음을 끄는 것이다.

첫 만남에서 고객의 마음을 바로 읽기란 힘들지만 따듯한 눈맞춤을 통해 고객의 마음을 열기 위해 노력하는 것이 중요하다.

### ③ '질문'을 통해 마음 확인하기

질문은 고객이 말하려는 바를 우리가 올바르게 이해했는지 확인하도록 도와주며 고객의 의견에 관심을 가지고 있음을 보여줄 수 있다. 또한 고객에게 추가적인 정보 제공이나 설명을 할 수 있는 기회를 제공한다.

## 나의 경청지수 체크하기

1. 상대방이 말하는 동안 eye-contact을 잘 하고 있는가?
2. 나의 이야기를 많이 하기보다 상대가 편안하게 이야기를 할 수 있도록 분위기를 만드는 편인가?
3. 상대방의 말을 중간에 가로막지 않고 끝까지 말할 수 있도록 하는가?
4. 상대가 한 말의 의미를 명확히 하기 위해 상대방의 말을 다시 확인하는가?
5. 상대방의 의견이 나와 일치하지 않을 때 흥분하거나 화를 내는 것을 피하려 하는가?
6. 상대방의 말의 숨은 뜻을 이해하려 하는가?
7. 상대방의 말을 공감하며 경청하려 하는가?

항상 5 점, 거의 4 점, 보통 3 점, 드물게 2 점, 결코 아니다 1 점
31점 이상 : '경청 잘함'
23-30점 : '일부 개선 필요'
22점 이하 : '경청에 좀 더 집중'

### 2) 분명하고 명확하게 말하기

서비스맨은 고객에게 정보를 제공하고나 고객의 니즈를 파악할 때 분명하고 명확하게 이야기할 수 있어야 한다. 자신은 똑똑하고 분명하게 말한다고 생각해도 듣는 사람 입장에서는 말이 제대로 안 들릴 수 있다. 말을 할 때는 말꼬리를 흐리거나 불분명하게 말하지 않도록 주의한다. 또한 유아적 말투나 문법에 맞지 않는 경어는 사용하지 않는다.

예 이쪽으로 가실게요. ···> 이쪽으로 안내해 드리겠습니다.
좌석은 이쪽이십니다. ···> 좌석은 이쪽입니다.

대화 시에는 내용뿐 아니라 형식도 중요하다. 따라서 정확한 발음, 고객의 이해를 돕는 쉬운 용어, 정중한 자세를 통해 대화를 한다.

또한 적절한 속도를 사용하여 전달력을 높이도록 한다. 속도는 말하는 빠르기와 리듬을 뜻한다. 말을 멈추기나 천천히 말하기를 통해 강조를 하거나 자신이 한 말을 상대가 받아들일 시간을 주는 것이 중요하다.

## ✈ Practice

2인1조로 짝을 맞춘 후 현재 위치에서 목적지를 정하고 위치를 정확하게 설명해 봅시다.

### 3) 고객에게 칭찬하기

서비스맨은 고객들에게 친근하기 주기 위한 칭찬의 언어가 몸에 배어 있어야 한다. 칭찬은 긍정적인 사고를 할 수 있도록 도움을 주며 자신감을 갖도록 하고 고객과의 관계를 부드럽게 할 수 있다. 대부분의 사람들은 자연스러운 칭찬에 다소 서툴다. 그러나 칭찬은 상대방에 대한 관심을 가지면 자연스럽게 할 수 있다. 칭찬이란 의례적인 인사나 듣기 좋으라고 하는 가식적 행위가 되어서는 안되며 진심에서 우러나오는 칭찬을 하도록 한다. 칭찬은 고객과 관련된 일에 관심과 성의를 갖고 있음을 긍정적으로 표현하는 행위이다.

#### 칭찬의 방법

**❖ 한 가지 장점이나 관심사를 골라 칭찬하기**

- "헤어스타일이 얼굴에 잘 어울리네요."
- "스카프 색깔이 너무 잘 어울리시네요."

**❖ 구체적으로 칭찬하기**

**❖ 간접적으로 칭찬하기**

- "따님이 무척 영리해 보이네요."

## ✈ Practice

내 옆에 앉은 친구를 한가지 관심사를 골라서, 구체적으로, 간접적으로 칭찬해 봅시다.

### 4) 개방적 제스처로 대하기

고객을 응대할 때 언어적 커뮤니케이션과 함께 매우 중요한 비언어적 커뮤니케이션의 요소들에 주의해야 한다. 밝은 표정, 호감 가는 표정과 함께 바른 자세와 폐쇄적인 제스처가 아닌 개방적 제스처로 고객의 마음을 편안하게 해드려야 한다.

- 개방적 제스처는 고객을 서비스 접점상의 공간 안으로 편안하게 초대하게 해주며, 고객에 대해 호의적인 감정을 가지고 최선을 다해 친절하게 응대할 준비가 되어 있음을 알리는 기본이 된다. 자신의 몸을 가리지 않는 개방적인 제스처를 해야 상대를 받아들이고 함께 의사소통을 할 의사가 있음을 보여준다.
- 폐쇄된 제스처, 예를 들어 팔짱을 굳게 끼고 있다든지, 두 손을 주머니 안에 깊숙이 넣고 있는 모습, 또는 주먹을 꽉 쥐고 있는 자세 등은 고객에게 불편한 마음이 들게 할 수 있다.

## ✈ Practice

### ■ 제스처 만들기

✔ '당신이 최고입니다.' 라는 마음으로 바라보고 자세취하기.

✔ 손을 가지런히 모아 방향지시하기

✔ 밝은 미소와 함께 아이컨텍(eye contact)하기

### ■ 응대 멘트와 함께 해 봅시다.

✔ 이쪽으로 안내해드리겠습니다

✔ "(서류를 가리키며) 이곳에 서명해 주시겠습니까?"

✔ "(공손히 손을 모아) 이쪽에서 잠시 기다려 주시겠습니까?"

## 5) I-메시지 사용

대화의 주체가 '너(You)'가 아닌 '나(I)'로 하여 전달하고자 하는 내용을 표현하는 방법이다.

대화의 주체가 You가 되면 행동의 원인과 결과가 상대방의 탓이 되므로 듣는 입장에서 기분이 상할 수도 있다.

예 전화를 안 받으셔서 문자 남깁니다. (X)
제가 바쁜 시간에 전화를 드린 것 같습니다.
통화가 어려워 문자를 남깁니다. (○)

## 6) 신뢰 화법

말 어미의 선택에 따라 상대방에게 신뢰감을 줄 수 있는 대화법으로 다까체로 끝나는 정중한 화법을 70%, 요죠체로 끝나는 부드러운 화법을 30% 정도 사용하는 것이 바람직하다.

### 7) 맞장구 화법

고객의 의견과 대화에 관심이 있다는 것을 표현하기 위해 반응하는 것이다.

- 가벼운 맞장구 : "그렇군요.", "그렇습니까?"
- 동의 맞장구 : "정말 그렇겠군요.", "과연",
- 정리(피드백) 맞장구 : "그 말씀은 ~이라는 것이지요?"
- 재촉 맞장구 : "그래서 어떻게 되었습니까?"
- 몸짓 맞장구 : 고개 끄덕이기/갸우뚱/눈 맞춤 등

### 8) 긍정의 표현으로 말하기

부정적인 표현은 고객의 기분을 상하게 할 수 있고 같은 내용이라도 긍정적인 부분을 강조하면 거부감을 줄일 수 있다.

| 부정 표현 | 긍정 표현 |
|---|---|
| 저는 모릅니다. | "제가 알아보도록 하겠습니다." |
| "안됩니다." | "다른 방법이 있는지 찾아보도록 하겠습니다." |
| "이곳에서 담배를 피우실 수 없습니다." | "흡연실이 건물 밖에 마련되어 있습니다." |

### 9) 쿠션언어 사용하기

고객이 원하는 요구사항을 들어주지 못하거나 부탁을 해야 하는 경우 죄송합니다만, 실례지만, 번거로우시겠지만, 괜찮으시다면 등의 쿠션언어를 사용한다.

### 10) 청유형 표현 사용하기

고객이 부탁을 듣고 스스로 결정해서 행동할 수 있도록 상대방의 의견을 구하는 표현을 사용한다.

예 "조금만 기다려 주십시오." → "조금만 기다려주시겠습니까?"

## Review

1. 언어적 커뮤니케이션과 비언어적 커뮤니케이션을 설명해봅시다.

2. 매너 있는 서비스 커뮤니케이션을 위해 지켜야 할 사항 8가지를 설명해봅시다.

3. 다음의 대화를 바람직한 서비스 커뮤니케이션으로 바꿔봅시다.

- 오렌지 주스는 없습니다. ···>
- 좀더 크게 말씀해주십시오. ···>
- 이곳에서 담배를 피우실 수 없습니다. ···>
- 모릅니다. ···>
- 창문커튼을 열어주십시오. ···>
- 전화를 안 받으셔서 통화가 안되네요. ···>
- 좀 기다리셔야 합니다. ···>

memo

CHAPTER 03

# 글로벌 매너



## 생각해봅시다

1. 외국인과 만나 이야기해 본적 있습니까? 어떤 상황에서 어떤 대화를 나눴는지 구체적으로 이야기해주십시오.
2. 외국인을 만났을 때 가장 어려운 점은 무엇입니까? (언어 이외)
3. 본인이 알고 있는 외국에서의 에티켓을 알고 있는 대로 모두 이야기해 봅시다.
4. 외국인을 대할 때 가장 중요하게 지켜야 할 것은 무엇이라 생각합니까? 3가지만 이야기해봅시다.

## 1 국가별 매너의 이해

### 1) 미국

유럽의 가치관을 기초로 좀 더 개방적이고 자유주의적인 문화이다. 실용주의 평등의식이 강하고 약속과 프라이버시를 중요시하는 나라이다. 또한 여성을 존중하는 사회로 공공장소 이용이나 차량 이용 시 여성을 배려한다.

### ① Excuse me와 Please

미국뿐 아니라 외국에 나가서 가장 습관화 해야 할 표현이라 해도 과언이 아니다. 한국에서는 공공장소에서 지나가다가 살짝 스치거나 혹은 사람들 사이를 지나가야 할 때 그냥 지나가는 경우가 흔히 있지만 미국에서는 길을 비켜달라 할 때 아무런 양해부탁 없이 지나가면 혹은 신체 접촉이 있었는데 그냥 지나가면 무례한 행동이 된다. 길은 지나가야 할 때나 사소한 접촉에도 반드시 Excuse me 라고 양해를 구하도록 한다.

또한, Please 역시 아주 중요한 매너를 지키는 표현이 된다. 플리즈를 한국말로 번역을 했을 때 "제발" 이란 의미로 알고 있어서 한국에서는 평상시 거의 사용하지 않지만 미국에서는 말 뒤에 "Please"하나만 붙여도 상당히 예의가 바르고 매너가 있는 태도가 된다. 예를 들면 물을 원할 때 그냥 water가 아니라 "water please" 라고 하면 좀 더 예의 바른 표현이 된다. Excuse me와 Please를 꼭 기억하도록 한다.

### ② 사적인 질문은 최대한 조심한다.

나이는 몇 살인 남자친구는 있는지 결혼은 했는지 등등 사적인 질문을 초면에 하는 경우가 있다. 그러나 미국에서는 이러한 사적인 질문을 하면 '나랑 친하지도 않은데 왜 저런 걸 물어 보는 걸까?'하며 당황할 수도 있다. 몇 살이야? 남자친구 있니? 같은 개인적인 질문은 상대방을 불편하게 할 수도 있다는 점을 주의해야 한다.

### ③ 개인적 공간, 타인의 공간을 배려한다.

자신의 공간을 지키려 하기 때문에 어디서든 타인의 공간을 배려해 주어야 한다. 너무 가까이 접근을 한다 던지 공공장소에서 개인의 스페이스를 침범한다든지 하는 일이 없도록 한다. 예전에 필자가 비행시 비행기 제일

앞 좌석은 벽과 좌석 사이의 공간이 넓게 되어 있는데(이를 Bulk head seat이라 함) 이러한 좌석에 한 외국인이 탑승을 해 있었는데 다른 승객이 그 공간을 2회 이상 복도처럼 이용하며 지나가니 “This is my space!!”라고 화를 내는 상황을 본적이 있다. 물론 이런 상황은 한국인이던 미국인이던 누구에게나 실례가 되는 상황이라 할 수 있다. 개인적 공간을 반드시 배려하도록 한다.

### ③ 팁(Tip)문화 이해하기

팁(tip)문화가 발달한 나라이므로 잊지 않고 상황에 맞도록 지불한다. 식당에 가면 팁을 지불해야 하는데 기본은 전체가격의 15%를 주는 것이 최소의 예의이다. 여기서 예의를 더 갖추자면 평일 저녁은 18% 주말에는 20% 이상을 주는 경우도 있다. 호텔에 도착해 가방 옮기는 것을 도와주는 사람에게 가방당 $2 정도, 주차비를 냈어도 발렛을 해주는 사람에게 $2~$5 정도의 팁을 지불한다. 주차비가 없이 발렛만 하는 곳에서는 보통 $2~$5의 팁만 준다. 청소를 해주는 사람들에게는 숙박 인원당 $1~$2 정도로 계산하여 아침에 호텔을 나가기 전 베개나 테이블 위에 놓아둔다.

### ④ 레스토랑 이용 시

한국에서는 식당에 들어가서 그냥 빈자리 찾아 앉는 경우가 많지만 미국에서는 식당에 들어가면 종업원에게 인원수를 알려주고 종업원이 안내해주는 자리로 가서 앉으면 된다. 선호하는 좌석이나 시간을 위해서는 사전에 반드시 예약을 하도록 한다. 그리고 식사도중 코를 푸는 것보다도 재채기를 하는 것은 실례이므로 반드시 입을 가리고 하며 주의한다. Excuse me 라고 말하는 것은 필수 예절이다. 음식을 소리 내어 먹지 않으며 공동으로 나눠서 Share하는 경우는 반드시 공용 스푼을 사용하여 개인 접시에 덜어서 먹도록 한다.

### ⑤ 아이컨택(Eye contact)

대화 시 상대방과의 Eye contact을 중요하게 생각한다. 우리나라에서는 상대방의 눈을 똑바로 쳐다보면 너무 노려본다고 생각을 하지만 미국인들은 대화를 나눌 때 눈을 쳐다보지 않으면 무례한 사람이거나 자신을 무시한다고 판단할 수도 있다.

### ⑥ 뒷사람을 위한 배려

미국에서는 보통 뒤 따라 오는 사람이 모르는 사람이어도 문을 잡아준다.

반대로 내가 들어갈 때 누군가가 문을 열어주거나 붙잡고 있다면 Thank you! 라고 인사하도록 한다.

### ⑦ 아이나 애완동물을 허락 없이 만지지 말기

지나가는 아이나 강아지를 허락 없이 만지면 안 된다. 미국 아이들이 귀엽다고 머리를 쓰다듬거나 터치하면 안 된다. 아이가 예쁘다고 말하는 것은 괜찮지만 개인주의적 성향이 강한 미국에서는 쓰다듬거나 만지는 행위가 크나 큰 실례이다. 강아지 같은 경우에도 귀엽다고 그냥 만지기보다 "May I pet your dog?"(제가 당신의 개를 한번 만져도 될까요?)라고 주인의 동의를 구한 뒤 쓰다듬는 것이 예의이다.

### ⑧ Smile

한국에서는 감정표현이 아무래도 직접적이지 않다 보니 처음 보는 사람을 보고 웃는 것에 있어서 자연스럽지 못한 경우가 많다. 그러나 미국에서는 처음 보는 사람, 심지어는 길거리에서 지나가다가 눈이 마주쳐도 가볍게 인사하면서 지나가는 경우가 많다.

상점을 가거나 식당을 가거나 매표소를 가도 먼저 웃음을 짓고 다가가면 상대방도 미소를 지으면서 반겨주는 경우가 많다. 무표정이 아닌 스마일과 아이컨텍에 신경을 쓰도록 한다.

## 2) 영국

- 영국은 신사의 나라라고 할 정도로 전통, 질서, 복장을 중요시한다.
- 복장 매너를 중시하므로 모임이나 공연 관람 시에는 정장을 착용한다. 호텔내의 레스토랑이나 뷔페를 이용할 때도 정장이나 준 정장을 착용한다.
- 실내에서 우산을 펴는 것이나 사다리 밑을 지나가는 것을 불길한 징조로 생각하므로 삼가 한다.
- 문을 열고 들어가거나 나올 때 뒷사람이 있는지를 확인하고 있으면 문을 잡아주도록 한다.
- 여성을 존중하는 문화이므로 대중교통이용이나 공공장소에서 여성을 먼저 배려하도록 한다.
- 영국인들은 언쟁을 싫어하며 질서를 잘 지키는 느긋함을 가지고 있다.

### 3) 프랑스

- 영국과 독일에 대해 우월의식과 열등의식을 자극하는 화제는 삼가 한다.
- 친한 사이에는 뺨에 가볍게 키스 인사를 하기도 한다.
- 약속을 하지 않고 갑자기 방문하는 것을 대단한 결례로 생각하므로 주의한다.
- 음식과 와인에 대한 자부심이 강하므로 테이블 매너 준수한다.
- 프랑스인들은 식사 시 즐겁게 대화 나누는 것을 중요하게 생각한다. 아무런 말 없이 혼자서 빨리 식사를 하는 것은 실례가 되므로 대화에 적극 참여한다.
- 프랑스인들은 외국인이 영어보다 프랑스어를 사용하는 것을 좋아한다.
- 'OK' 사인이 '가치 없다'라는 뜻으로 통용되므로 삼가 한다.
- 프랑스는 남의 물건을 허락없이 만지는 것은 실례가 된다. 상점에서도 원하는 물건이 있으면 직원의 허락 하에 만져보고 살펴본다.

### 4) 홍콩

#### ① 옷차림 중요, 깔끔하고 정돈된 느낌 줘야

홍콩 사람들은 '어느 나라 사람이냐'는 물음에 대부분 홍콩 출신이라고 답한다. 정치적으로 중국의 일부이지만 홍콩과 중국은 엄연히 다르다는 인식이다. 따라서 일반적으로 알려진 중국인의 속성보다는 영국 등 서양인의 속성을 많이 가졌다고 볼 수 있다. 또한 비즈니스에 있어 복장과 외모에 신경 쓰는 홍콩인들의 특성상 중요한 미팅에는 깔끔하고 정돈된 느낌을 주는 것이 중요하다.

#### ② 홍콩 내 반중 정서주의

최근 정부에 대한 애국심 강조와 자국 중심의 역사 서술로 논란이 된 '국민교육' 실시 여부를 놓고 홍콩인들의 불만이 증가했다. 여론 조사에 따르면 중국 정부를 믿지 않는다는 응답이 40%를 기록하며 2012년 만에 최저치로 떨어졌다. 따라서 홍콩사람을 대할 때 그들의 반중 정서를 감안, 가급적 중국과 관련한 민감한 언급은 피하는 것이 좋다.

#### ③ 한국과는 달리 차량이 좌측 통행을 하기 때문에 보행 시 사고에 유의해야 한다.

**④ 영국식 문화로 인해 한국의 1층(1/F)을 G/F(Ground Floor)로 표시**하며 한국의 2층은 홍콩에서는 1/F(First Floor)임을 유의한다.

⑤ 팁(봉사료)

서비스를 받으면 감사의 표시로 약간의 팁을 주는 것이 일반적이다. 적당한 팁의 액수는 일반적으로 서비스 요금이 포함되지 않는 식당의 경우 5~10 홍콩 달러, 택시는 짐이 있을 경우 10 홍콩 달러 이하, 텔의 포터는 짐 하나에 5홍콩 달러, 룸메이드는 10홍콩달러, 룸서비스는 5~10홍콩 달러 정도를 주는 것이 보통이다.

⑥ **홍콩 언어**는 광동어로 북경어(만다린)와는 통하지 않으며, 북경어 구사가 어려 경우가 많다.

⑦ **선물을 할 경우** 포장지의 색깔에 불행을 상징하는 흰색, 청색, 혹색은 피하고 중국인이 선호하는 적색 및 금색이 좋다. 만약 꽃을 선물할 경우는 꽃송이는 짝수로 해야 하며, 한국산으로 인삼차도 좋은 선물이다.

⑧ **홍콩사람들**도 우리와 마찬가지로 한자 성을 먼저 쓰고 이름을 나중에 쓰나 대부분 편의상 영어 이름을 하나씩 가지고 있으며, 이 경우에는 이름을 먼저 쓰고 성을 나중에 쓴다. 한자 성명과 영어 성명을 대조하여 성과 이름을 정확히 구분하는 것에 주의가 요망된다. 참고로 Mr 내지 Ms 같은 호칭은 성 앞에 부르는 것이지 이름 앞에 사용하지 않도록 한다.

⑨ **홍콩과 중국의 최대명절**은 구정(春節)인데 이때는 장기휴무를 하는 기업들이 많다.

## 5) 중국

- 중국은 많은 인구와 역사로 자부심이 강하고 개인보다는 집단의 조화를 중시한다. 상호 협동적인 철학을 가지고 있다.
- 개인적인 우정과 신뢰를 중요하게 생각한다.
- 준비한 음식에는 한번 이상씩 취식하는 것이 예의이며 음식에 대한 칭찬을 하도록 한다.
- 차문화가 발달되어 있으므로 상대방의 찻잔이 빌 경우 계속 따라주는 것이 예의이다.
- 음주와 흡연이 사교의 한 수단으로 생각한다.
- 음식을 맛있게 먹고 약간 남기는 것이 예의이다.
- 호스트 보다 먼저 건배 제의하지 않도록 한다.
- 청색과 백색은 부정적인 이미지로 삼가며 벽시계나 탁상시계, 외국 화폐, 기념주화, 손수건, 거북이 선물 삼간다.

## 6) 일본

- 예의 바르고 친절하며 질서를 잘 지키는 민족이다. 상대방에 대한 배려를 중시하며 인내, 예절, 겸손을 매우 중요하게 생각한다.
- 계단이나 에스컬레이터, 복도 등에서는 왼쪽으로 서거나 이동한다.
- 일반적으로 식당에서 비용을 각자 지불한다.
- 식사 시 젓가락만 사용해서 식사하며 밥그릇은 왼손으로 들고 먹는다.
- 술을 따르거나 받을 때 한 손으로 받거나 따라도 되고, 술이 조금 남아 있을 때 첨잔이 가능하다.
- 선물은 짝으로 주는 것이 좋으나 4개는 하지 않는다.
- 흰 종이로 포장, 흰 꽃, 칼 선물은 하지 않도록 한다.
- 시간을 잘 지키는 것을 중요하게 생각한다.

### 7) 호주

#### ① 대화할 땐 상대방의 눈을 보기

우리나라는 손위 사람을 뻔히 쳐다보면 버릇없는 사람이라고 생각을 한다. 하지만 호주에서는 사람이 말하는데 눈을 바라보지 않는다면 나의 이야기를 잘 듣지 않는다고 생각하여 상당히 불쾌감을 가진다. 그리고 호주인과 영어로 대화 시 잘 듣기 위해 긴장한 표정이나 찡그린 표정 또한 예의에 어긋날 수 있다. 가급적이면 미소를 띠고 눈을 마추치는 것이 좋은 첫인상을 줄 수 있는 방법이다.

#### ② 악수를 할 땐 군대처럼

우리나라에선 악수할 때 손위 사람과 하면 두 손으로 하며 허리를 굽히면서 하는 경우가 있다. 단 우리나라 군대에선 악수를 할 때 상관이더라도 허리를 꼿꼿히 펴고 한 손으로 악수를 하며 세게 흔들지 않는다. 호주도 우리나라 군대의 악수법과 똑 같다고 생각하시면 된다. 물론 요즘 호주에도 동양권 문화가 많이 흡수되어 허리를 굽히거나 두 손으로 악수하는 걸 어느 정도 알지만 호주에선 굳이 그렇게 할 필요가 없다.

**③ 사람이 많은 곳에서 지나칠 때 부딪히지 않게 최대한 조심**을 해야 하며 지나가거나 살짝 부딪히게 된다면 Excuse me 라고 상대방에게 꼭 이야기하는 것이 좋다. 또한 호주인과 친해진다고 하더라도 지나치게 스킨쉽은 하지 않는 것이 좋다. 호주에는 '퍼스널 스페이스(나만의 공간)'라는 것이 존재한다. 상대방의 공간을 이해해주고 지켜주는 것이 좋다.

### ④ 남의 아이 함부로 만지지 않기

호주 아기가 귀엽다고 얼굴을 쓰다듬는 행위나 만지는 행위는 절대 금물이다. 부모의 절대적인 동의가 있어야 하며 그렇지 않고 좋은 의도에서 라도 아이를 터치한다면 부모는 굉장히 불쾌해 한다.

한국에선 부모들이 귀엽다고 쓰다듬는다면 그냥 참는 경우가 많지만 호주에선 잘못했다간 신고 당할 수도 있다.

### ⑤ 학교버스, 일반버스에겐 무조건 양보

호주에서 대중교통수단에겐 무조건적 양보를 해야 한다. 특히 내 차선에 달라고 있더라도 옆 차선에서 버스가 깜빡이 켜는 순간 우선권은 그 버스에게로 간다. 호주에선 일반버스나 학교버스에게 우선권이 있다는 사실을 명심해야 한다.

### ⑥ 전 좌석 안전벨트착용

우리나라에서도 최근 전 좌석 안전벨트착용이 의무화 되었다. 호주에서도 전 좌석 안전벨트가 어디에서든 의무이고 어길 시 벌금이 기다리고 있다.

### ⑦ 호주 동식물 절대 보호하기

호주에선 절대 동물을 때리거나 위협을 가해선 안된다. 호주는 동식물 보호 정신이 강하므로 특별히 주의하도록 한다.

### ⑧ 음주 관련

한국은 편의점이나 마트에서 주류를 구입할 수 있지만 호주는 bottle shop에서 판매한다. 또한 이곳에서 술을 사려면 반드시 신분증(여권)을 지참해야 한다. 해변 등 공공장소에서는 음주는 금지되어 있다.

### ⑨ Hello(Hi How are you)라고 길가다가 혹은 상점에서 인사를 받으면

지나갈 때 전혀 모르는 사람이 "hello"라고 인사하는 경우 당황하지 말고 호주 문화이므로 가볍게 "Good thanks"하면서 답례를 한다.

### ⑩ 좌측통행

보행 시 어느 방향으로 걸을지 헷갈릴 때, 반대편에서 사람이 오는데 어느 쪽으로 비켜줘야 하는지 모를 때 왼쪽으로 보행하면 된다.

### ⑪ 팁문화

호주는 반드시 지켜야하는 팁문화가 특별히 없다.

⑫ I'm sorry(죄송합니다) Excuse me(실례합니다) Thank you(감사합니다) Please(부탁합니다)

이 위에 4가지 표현은 정말 중요한 표현이다. 호주는 이런 표현이 습관화되어있는 예의이므로 잘 사용하도록 한다. 조금만 부딪히면 I'm sorry, 감사나 칭찬에 대해서는 Thank you, 길을 지나갈 때 Excuse me, 큰일이 아니더라도 부탁하는 상황이 오면 Please. 이 4가지 표현을 생활화 하는 것이 좋다.

## 2 테이블 매너

### 1) 식사매너의 기본

- 식사를 위해 예약을 반드시 하고, 예약 시 이름, 연락처, 일시, 인원, 식사의 목적(예; 생일, 비지니스미팅 등)을 알려 준다.
- 예약을 못 지킬 경우에는 반드시 연락을 해야 한다. 고급레스토랑의 경우 30분 이상 늦으면 예약이 취소되는 경우도 있음. 늦을 경우 바로 전화로 알려야 한다.
- Dress Code여부를 사전에 체크한다.
- 상석과 말석을 구분하여 착석한다. 매니저나 직원이 안내 후 처음 빼 주는 자리가 상석이므로 그날의 주빈이 그 자리에 앉도록 한다.

| 상석 | 말석 |
|---|---|
| • 웨이터나 웨이트리스가 먼저 빼주는 자리<br>• 입구에서 먼 쪽<br>• 벽을 등진 곳<br>• 전망 좋은 곳 | • 통로, 출입문에서 가까운 곳<br>• 벽 또는 출입문을 바라보는 곳 |

| 상석에 앉는 사람 | 말석에 앉는 사람 |
|---|---|
| • 여성(특히 나이 많은 여성)<br>• 외국손님<br>• 처음 초대된 손님<br>• 여성과 초대 손님이 먼저 하고, 사회적 지위가 높거나 유명한 분 | • 주인<br>• 주인의 가족 및 친척<br>• 남성을 동반한 여성은 남성에게 |

- 주문은 주문한 요리를 알려 주고 남성이 직원에게 주문하는 것이 매너이다.
- 음식의 종류를 잘 모르는 경우는 직원에게 물어보고 주문하는 것도 좋은 방법이다.
- 팔꿈치를 올리거나 다리를 꼬는 것은 금물이다.
- 초대를 받은 경우에는 지나치게 비싸거나 싼 음식은 피한다. 중간이나 중상 정도의 가격이 무난하다.
- 주위 사람들과 취식 속도를 맞춘다.
- 식사 중에 화장실을 가는 것은 실례이다.
- 여성의 경우 립스틱자국이 물 잔이나 와인 잔에 남지 않도록 하며 화장을 고쳐야 할 경우는 화장실을 이용하여 수정한다.

### 2) 주문하는 방법

- Main course부터 정한다. 기호에 맞게 생선 또는 육류 요리 중 한가지를 정하고 그에 맞는 소스를 선택한다.
- 육류를 주문할 때는 rare, medium rare, medium, medium-well, well-done 등을 선택한다.
- Main course가 정해지면 그에 맞추어 전체요리나 수프를 선정한다. 주요리와 재료가 겹치지 않도록 주문하는 것이 좋다.
- 만드는데 시간이 오래 걸리는 디저트를 제외하고는 일반적으로 디저트나 커피는 식사를 마친 후 주문한다.

**아침식사 주문 하는 법**

– 뷔페형식의 경우 주문이나 식사법은 자유롭다.
– A la carte(알라카르트): 레스토랑 등에서 메뉴표 안에서 기호에 맞는 것을 선택하여 주문하는 일품요리. 동시에 메뉴표 안에서 몇 개의 요리를 선택하여 일련의 식사 메뉴를 짜는 것을 말하기도 한다.
– A la carte의 경우 Continental breakfast 와 American breakfast가 있다.
– Continental breakfast: 빵과 커피, 우유 등을 제공한다.
– American breakfast: 빵과 커피, 우유 외에 주스, 감자, 달걀, 소시지, 햄, 베이컨 등을 기호에 맞게 선택하여 주문한다.

### 3) 기물 사용법

- 냅킨은 손님들이 모두 앉은 후 주빈이 펴면 함께 펴고, 식사를 마친 후 적절히 접어 테이블 위에 놓는다. 식사 전에 인사말이나 건배를 하는 경우는 나중에 펴도록 한다.
- 두 겹으로 접어 무릎 위에 놓고, 가장자리를 사용한다.
- 나이프와 포크는 바깥쪽부터 안쪽으로 차례대로 사용하고, 나이프는 오른손, 포크는 왼손으로 사용한다.
- 식사 중일 때는 테두리에 '八' 자형으로 놓고, 나이프 칼날은 안쪽으로 포크는 엎어 놓는다. 식사가 끝나면 오른쪽에 비스듬히 나란히 놓는다.
- 메뉴에 따라 나이프 포크는 다시 사용하지 않는다.
- 냅킨으로 립스틱을 닦는 행위는 삼간다.

### 4) 정찬 메뉴의 순서

전채 요리(Appetizer ; Hors d' oeuvre) ⇨ 수프(Soup ; Potage) ⇨ 생선(Fish, Poisson) ⇨ 고기(Meat, Entree) ⇨ 샐러드(Salad ; Salade) ⇨ 디저트(Sweet, Entrements) ⇨ 음료(Beverage)

### 5) 정찬 메뉴 코스에 따른 매너

- 전채 요리(Appetizer, Hors d' oeuvre)는 식욕을 촉진시키기 위해 식사 전에 가볍게 먹는 요리이므로 소량 먹는다. Ex.푸아그라, 캐비어, 굴, 연어 등
- 수프(Soup;Potage)를 먹을 때 소리를 내지 않고 먹고, 스푼의 반정도만 떠서 자연스럽게 들어 올려서 먹는다.
  - 콩소메(consomme) : 맑은 수프. 진한 맛의 주요리와 어울리며 코스가 많은 정찬요리에 알맞음.
  - 포타주(potages) : 걸쭉한 수프. 담백한 요리에 어울린다.
- 수프가 나오면 한두 번 정도 떠먹어 본 뒤에 소금과 후추를 뿌린다.
- 빵을 수프에 넣어 먹는 것은 정식 매너가 아니다.
- 자신의 왼쪽에 있는 빵 접시를 사용한다.
- 빵은 손으로 잘라 먹고, 버터나 잼이 발라져 있는 빵은 나이프를 사용한다.
- 만찬용 빵은 롤(Roll), 하드롤(Hardroll), 라이 브레드(Rye Bread) 등이고, 토스트나 크루아상, 브리오슈 등은 조식용 빵이다.
- 생선과 함께 제공되는 레몬은 생선 위에 놓고 포크로 짓이겨 즙을 낸다.
- 생선은 뒤집지 않는다.
- 고기요리(Meat, Entrée) 주요리라고도 하며 쇠고기, 돼지고기, 양고기, 송아

지고기, 가금류 등이 있다.
- 고기 요리는 잘라 가며 먹는 것이 음식의 맛을 제대로 즐길 수 있다.
- 샐러드에 사용되는 소스를 특별히 드레싱(Dressing)이라 부른다.

## 6) 식사용도에 따른 알코올 음료의 종류

| | |
|---|---|
| 식전주 | – 식사 전 식욕 증진을 도와주는 술로 취하지 않도록 적은 양 섭취<br>– 종류로는 달지 않은 샴페인(Champagne), 쉐리(Sherry), 칵테일(Cocktail) 등<br>– 식전 칵테일(Aperitif Cocktail)은 단맛보다는 쓴맛이 강한 것을 주로 이용 |
| 식중주 | – 식사 중에 마시는 술로, 와인이 대표적<br>– 와인은 요리와의 조화를 고려해서 선택 |
| 식후주 | – 식사 후에 입가심이나 소화를 촉진시키기 위해 마시는 술<br>– 대개 알코올 도수가 높고 달콤한 술을 많이 선택<br>– 브랜디(Brandy), 달콤한 맛의 리큐어(Liqueur), 브랜디(Brandy)나 리큐르(Liqueur)를 주재료로 사용한 칵테일 |

## 7) 팁(Tip) 매너

- 미주 지역이나 유럽은 서비스에 대한 대가로 지불하는 것
- 팁을 주는 장소나 금액 등을 고려해야 한다.
- 기본 서비스 산업에 종사하는 사람과 사업주에게는 팁을 주지 않아도 된다.
- 보통 15% 정도가 적당하나 서비스의 질에 따라 가감할 수 있다.
- 명백하게 냉담하고 무례한 직원의 경우 팁을 주지 않아도 된다.
- 서비스가 더 좋아야 된다고 느끼는 경우에는 팁을 관례보다 적게 주어도 되고, 그 이유를 엄격하고 조용하게 설명한다.

# PART 2
# 항공서비스매너 관리하기



Airline Service Manner

CHAPTER 01

# 항공사 용모 및 복장



## 1 바른 자세

### 1) 바른 자세의 중요성

- 고객에게 신뢰감을 주어 긍정적인 이미지를 형성하는데 기본이 되며 중요한 역할을 한다.
- 서비스맨으로서 자신감 있고, 당당한 인상과 함께 기품 있고 단정한 분위기를 연출하여 서비스맨으로서의 비언어적 커뮤니케이션의 첫 단계가 된다.
- 대화 내용과 상황에 따른 적절한 자세는 전달하고자 하는 내용을 좀 더 명확하게 전달하는 역할을 한다.
- 상대에 대한 예의를 표현하는 것이다.

〈바르게 선 자세〉

## 2) 바르게 선 자세

- 등은 곧게 하고 배에 힘을 주고 가슴은 활짝 편다.
- 여성일 경우 무릎을 붙이고 V형 혹은 11자로 발뒤꿈치를 붙인다. 남성의 경우 양발을 어깨 너비로 벌리고 선다.
- 손은 가볍게 주먹을 쥐고 바지의 재봉선에 대거나 공수 자세를 한다. (공수(拱手) 자세 : 남자는 왼손이 위로, 여자는 오른손이 위로 오게 하고 손은 가지런히 배꼽 바로 아래쪽 정도에 올린다.)
- 입은 가볍게 다물고 턱은 아래로 당겨주듯이 하며 시선은 정면을 향한다.
- 한 쪽 다리를 뻗은 채 서 있지 않도록 주의하고 부드러운 표정을 짓도록 노력한다.

★ 대기 시 오래 서있어야 하거나 무릎이 붙지 않는 경우 여성의 경우 한 발을 끌어 당겨 뒤꿈치가 다른 발의 1/3 지점에 닿도록 11시05분의 모양으로 하면 무릎을 붙이기 수월하고 균형감이 생겨 편안하게 느껴진다.

여성

남성

### 3) 앉는 자세

- 의자 깊숙이 엉덩이가 등받이에 닿도록 깊숙이 앉는다. 의자 끄트머리에 걸터앉지 않도록 한다.
- 등과 등받이 사이에 주먹 하나가 들어갈 만큼 사이를 떼고 허리를 편다.
- 상체는 서있을 때와 마찬가지로 등이 굽어지지 않도록 하며 머리를 똑바로 들고 턱을 당기고 시선은 정면을 바라본다.
- 다리는 자연스럽게 내려서 직각이 되게 한다.
- 남성은 무릎을 어깨 넓이로 벌리고 가볍게 쥔 주먹을 무릎 위로 올려놓고, 여성은 무릎과 발끝을 붙이고 손은 공손하게 모아 무릎 위에 올려놓는다.

〈바르게 앉는 자세〉

### 4) 방향 안내 자세

- 밝은 표정과 상냥한 음성으로 대화
- 시선은 상대방의 눈을 먼저 보고, 가리키는 방향을 손과 함께 본 후 다시 상대방의 눈을 바라봄(삼점법 : 상대 눈 → 지시방향 → 상대 눈)
- 손가락을 모으고 손목이 꺾이지 않도록 45도 각도로 눕혀서 가리킴
- 오른 쪽을 가리킬 때에는 오른 손을, 왼 쪽을 가리킬 때에는 왼 손을 사용
- 상대방의 입장에서 구체적이고 정확하게 위치 안내
- 한 손가락이나 고갯짓으로 지시하거나 상대방을 보지 않고 안내하는 무례한 행동은 삼가

### 5) 물건 수수 자세

- 양손으로 가슴과 허리 사이 위치에서 물건 수수
- 작은 물건을 주고받을 때에는 한 손을 다른 한 손으로 받쳐서 공손히 전달
- 받는 사람의 입장을 고려하여 전달 (글자의 방향이 상대방을 향하도록 하고, 펜 등은 바로 사용하기 편하도록 건냄)

〈방향 안내, 물건수수〉

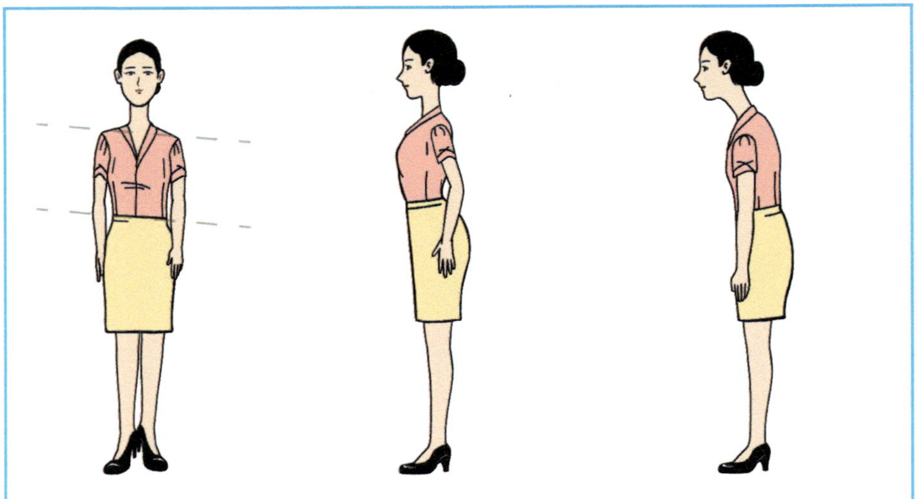

좌우 높이가 다름 | 허리가 과도하게 휘었음 | 목이 앞으로 나왔고 등이 굽었음

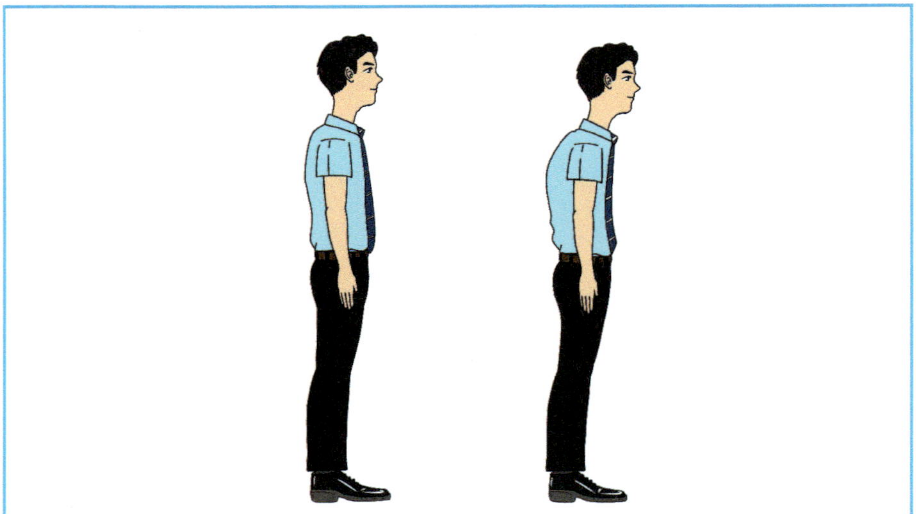

바른자세　나쁜자세

〈바르게 선 자세〉

## 2 워킹

### 1) 바르게 걷기

- 바르게 선 자세를 기본으로 허리로 걷는다고 생각하고 앞으로 내민 발끝에 중심을 두고 걷는다.
- 무릎을 굽히지 않으며 또한 너무 뻣뻣해 보이지 않도록 주의한다.
- 양 무릎이 스치듯 걷도록 한다.
- 발바닥 전체가 닿는 기분으로 소리가 나지 않게 딛는다.
- 시선은 정면을 향하고 어깨를 편다. 바닥을 보지 않는다.
- 팔은 겨드랑이 15도정도 자연스럽게 흔들며 손 안쪽이 다리를 스치도록 한다. 이때 앞으로 나가는 발의 반대 손이 앞으로 나가도록 한다. (간혹 긴장하는 경우 앞으로 나가는 발과 같은 쪽의 손이 나가는 경우가 있음.)
- 양 발 쪽에 무게 중심을 둬야 적극적이며 진취적으로 보이고 뒤 발 쪽으로 무게 중심이 옮겨가면 발을 끌고 걷는 자세가 되어 자신감이 없어 보인다.

### 2) 보행 시 매너

- 상대와 동선이 겹칠 경우 상대가 지나갈 수 있도록 잠시 멈추면서 먼저 지나갈 수 있도록 몸의 방향을 비스듬히 오픈하여 주면 배려하는 마음이 느껴진다.
- 복도의 중앙이 아니라 한 방향으로 가장자리 쪽으로 걷는다.
- 상대의 앞을 가로질러 가지 않으며, 급히 지나가야 할 때에는 양해를 구한다.

  예 "잠시 지나가겠습니다."

- 복도나 계단에서 사적인 대화나 긴 이야기는 삼가 하고 지나치게 큰 목소리로 말하지 않도록 조심한다.
- 보행을 하면서 가능한 핸드폰을 사용하지 않는다.
- 기내복도와 같이 좁은 공간을 스쳐 지나갈 때에는 사선걸음을 하는 것이 좋다.
- 사선걸음을 할 때는 서로 상대방 쪽으로 몸의 방향을 열어 준 상태에서 사선으로 걷는다.
- 사선걸음이 필요한 상황
  - 좁은 공간을 서로 스치듯이 지나갈 때
  - 복도에서 상사나 고객과 마주쳤을 때
  - 직접 고객을 안내할 때

✈ Practice

**바른자세**

1. [자세] 공수자세를 바르게 하고 있는가?
   [손의 위치, 팔의 각도]

2. 등을 곧게 하고 가슴을 펴고 턱은 아래로 당기듯 정면을 향하고 스마일을 유지한 상태에서 시선을 정면을 보고 있는가?

3. 발의 각도와 다리/무릎의 자세를 바르게 하고 있는가?
   [발은 11자 or V자, 다리는 곧게 펴고, 무릎은 붙이고]

4. [걷기]바른 자세로 걸을 수 있는가?
   [무게중심, 시선, 곧은 자세, 팔의 움직임]

5. 기내 복도에서 승객과 마주 쳤을 때 적절한 보행 매너대로 걸을 수 있는가?

## 3 용모 및 복장

항공사 직원의 유니폼은 회사의 이미지를 대변하는 매우 중요한 부분이므로 바른 착용과 단정함을 늘 유지하도록 한다. 유니폼 이라는 시각적 요소는 고객에게 신뢰감을 주며 그 기업의 서비스를 접하게 되는 대면서비스의 기본 요소이다. 항공사의 직원의 경우 근무여건상 승객에게 노출되는 시간이 많기 때문에 유니폼 착용 상태에서의 행동을 조심해야 한다. 유니폼의 바른 착용은 기본이며 유니폼 착용시 대화나 행동을 더욱 신중하게 해야 한다.

### 1) 유니폼관리의 중요성

- 소속집단의 이미지를 대표하며 전문성을 나타낸다.
- 옷차림을 통해 기업의 이미지와 신뢰감을 형성한다.
- 올바른 용모복장은 서비스맨에게 프로정신을 갖게 하고 바른 마음가짐과 자세를 갖추는데 도움을 준다.

### 2) 유니폼 관리의 원칙

- 청결함을 유지한다. 항공사의 직원은 승객과 대면 접점 서비스를 하기 때문에 청결성을 유지해야 하며 승무원의 경우 기내에서 식음료를 다루기 때문에 청결함을 유지하는 것이 중요하다.
- 항공사 직원으로서의 전문가다움과 서비스마인드가 돋보이게 입는다.
- 자신이 기준이 아닌 회사의 규정과 이미지에 맞는 유니폼차림을 한다. 자신의 사이즈에 맞는 유니폼을 선택한다. 너무 타이트하거나 너무 크게 입지 않는다.
- 다림질 상태를 잘 점검하며 구두는 잘 닦아서 광택을 유지하도록 한다.
- 스타킹은 지정된 컬러를 착용하며 스타킹의 상태를 수시로 점검하고 여분의 스타킹을 늘 가지고 근무에 임한다.

### 3) 용모관리법

#### 남성

- 이마가 보이는 스타일의 헤어가 좋으며 앞머리를 덥수룩하게 내리지 않는다.
- 헤어 제품을 사용하여 머리카락이 흩날리지 않도록 한다. 너무 많은 양을 사용하지 않는다.
- 정장 자켓의 컬러가 어두운 컬러인 경우가 많으므로 비듬이 떨어지지 않도록 관리한다.
- 양복의 바지 길이가 너무 타이트하거나 짧지 않게 착용한다.
- 양말 착용시 블랙이나 그레이, 네이비 계열의 어두운 컬러를 착용하며 흰 양말은 착용하지 않는다. 또한, 짧은 캐주얼양말은 착용하지 않는다.
- 면도를 깔끔하게 하고 얼굴은 청결하고 건강한 느낌이 들게 한다.
- 손을 자주 씻고 손톱을 청결하게 한다.
- 흡연 후 담배냄새나 숙취로 인해 불쾌감을 주지 않도록 향기관리에도 늘 신경을 쓴다. 그러나 너무 진한 향수 냄새나 진한 남성화장품 냄새 또한 불쾌감을 줄 수 있으니 주의한다.

### 여성

- 단정한 정장 차림에는 긴 머리를 풀지 않으며 이마와 옆얼굴을 가리지 않아야 좋은 인상을 준다.
- 단정한 머리스타일(커트, 단발, 포니테일 등)로하며 지나치게 밝은 컬러의 염색은 피한다.
- 착용한 티가나는 써클렌즈는 착용하지 않는다.
- 메이크업은 진하지 않으며 깔끔하고 부드럽게 표현한다.
- 손톱이 길지 않게 다듬어 청결하게 관리하며 베이지, 핑크톤이 무난하다.
- 스커트 착용시 구두의 굽은 너무 과하게 높거나 굽이 튀는 통굽은 단정한 느낌을 주기 어렵다.
- 구두 뒷굽의 상태를 확인하여 굽이 닳아서 구두 내부의 금속 소리가 나지 않도록 수시로 점검한다. 이런 상태의 구두는 보행 시 안전에도 문제가 될 수 있다.
- 화이트 컬러나 옅은 컬러의 블라우스나 셔츠만 착용시에는 스킨톤이나 베이지톤의 속옷을 착용한다.
- 스커트의 길이는 무릎선 정도가 적당하다.

### 4) 복장관리

#### 남성

- 남성의 수트는 위, 아래 같은 소재로 된 한 벌을 의미 한다.
- 수트 차림에 반소매 셔츠는 입지 않는다.
- 격식을 차려야 하는 자리에서는 노타이를 금하고 셔츠 깃을 자켓 밖으로 내어 입지 않는다.
- 정장용 바지에는 바지의 주름에 신경 쓰며 다림질을 잘 해야 한다.
- 바지길이는 걸을 때 양말이 보이지 않을 정도가 적당하다.
- 밝은 셔츠를 입을 경우 색깔 있는 속옷은 피한다.
- 상의 뒷 칼라에서 드레스셔츠가 1~1.5cm 정도 보이게 한다.
- 소매 길이는 손등을 위로 올렸을 때 소매 끝이 닿는 정도(손목과 손의 경계에서 1~2cm 내려온 정도)가 적당하다.
- 격식이 필요한 자리에는 화이트 셔츠를 착용하며 넥타이의 무늬가 요란하지 않은 것으로 단색컬러가 무난하다.
- 양복에 멋 내기 위한 장식을 부착하지 않는다.
- V-zone이란 남성 수트의 상의, 셔츠, 타이가 연출하는 목 아래에서 가슴 윗부분을 의미한다. 남성의 복장 이미지를 결정하는 매우 중요한 부분이므로 신경 쓰도록 한다.
- 타이를 매었을 때 길이는 허리벨트에 닿는 정도가 적당하다. 벨트 선보다 너무 짧거나 길지 않도록 주의한다.
- 구두의 청결과 광택을 유지하도록 관리한다.
- 바지 길이는 앞은 신발 위에 가볍게 닿고 뒤는 구두 뒷굽보다 약간 위로 올라오는 정도로 양말이 보이지 않게 한다.

- 바지, 구두, 양말은 같은 색 계열로 통일한다.
- 드레스셔츠는 파스텔 톤의 블루, 핑크 등이 부드러운 느낌을 줄 수 있다.
- 주머니가 튀어나오지 않아야 한다.

적당한 핏

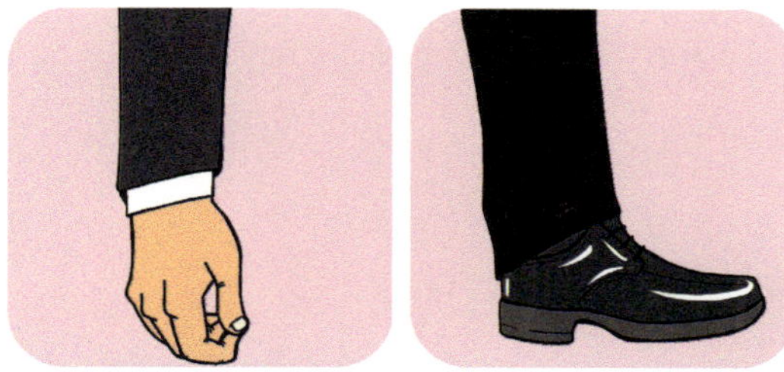

[적당한 길이]

- 남성정장 색상별 특성

| | |
|---|---|
| 검정색 | – 예복에 가장 적합하다.<br>– 정중하고 성실해 보인다.<br>– 다양한 타이나 포켓치프 혹은 구두의 코디네이션으로 복장의 연출이 가능하다. |
| 남색<br>(Navy) | – 비즈니스복장으로 가장 적합하다.<br>– 다소 차가운 인상을 줄 수도 있지만 깔끔하고 분명한 인상을 준다.<br>– 셔츠와 넥타이를 코디네이션하기 쉽다.<br>– 20~30대에 적합하며 진취적인 느낌을 준다. |
| 회색<br>(Grey) | – 청색 계열과 함께 대표적인 비즈니스 복장이다.<br>– 나이와 관계없이 무난하다. 중후함과 신뢰감을 추구하는 사람에게 적합하다.<br>– 주로 진한 회색은 고위 관리자층에서 선호한다. |

### 여성

- 공식적인 장소에서 가장 적합한 여성의 복장은 무릎라인의 스커트 정장 수트이다.
- 재킷은 테일러드 재킷이 무난하며 몸에 너무 꽉맞거나 라인이 강조된 유행을 따르는 스타일은 좋지 않다.
- 블라우스의 경우 단색의 셔츠 칼라나 리본 칼라가 무난하다.
- 옷 색상, 스타일이나 옷감 선택에 주의한다.
- 치마는 무릎길이가 적절하며 바지는 9부 이상의 길이부터 정장에 속한다. 치마길이나 폭은 서있을 때의 기준이 아니라 활동할 때의 기준에 맞춘다.
- 화려한 무늬가 있는 원피스는 단정하거나 신뢰감
- 있는 이미지를 주기 어려우므로 피하도록 한다.
- 스타킹은 반드시 착용하며 살색이나 커피색이 적당하다. 스타킹의 올이 나갈 경우를 대비해 항상 예비 스타킹을 준비한다.
- 구두는 앞 트임이 없는 것을 선택하고 샌들타입은 피한다.
- 소매 없는 블라우스나 원피스는 반드시 재킷을 입도록 한다.

〈용모 복장〉

### ◈ 남성용모복장 Check List

5: 아주 좋음, 4 : 좋음, 3 : 보통, 2 : 미흡, 1 : 불량

| 구분 | 항목 | 1 | 2 | 3 | 4 | 5 |
|---|---|---|---|---|---|---|
| 머리 | 길이가 셔츠깃에 닿지 않는다. | | | | | |
| | 앞머리가 이마(눈썹)을 가리지 않는다. | | | | | |
| | 적당량의 헤어 제품을 사용하였다. | | | | | |
| 얼굴 | 기초 화장품을 사용하여 얼굴에 윤기가 있으며 청결하고 건강한 느낌을 준다. | | | | | |
| | 면도가 잘 되어 있으며 코털이 보이지 않는다. | | | | | |
| | 입술의 각질이 정리되어있다. | | | | | |
| 복장 | 셔츠의 깃과 소매부분이 청결하다. | | | | | |
| | 넥타이가 수트와 잘 어울린다. | | | | | |
| | 수트, 셔츠가 다림질이 잘 되어 있다. | | | | | |
| | 담배 냄새나 거북한 체취가 나지 않도록 은은한 향기관리가 되어있다. | | | | | |
| | 소매나 바지 길이 등 크기가 잘 맞는다. | | | | | |
| | 명찰 또는 신분증을 잘 패용하고 있다. | | | | | |
| | 셔츠가 진한컬러이거나 지나치게 화려한 문양이 있지 않다. | | | | | |
| | 셔츠에는 얼룩이나 주름이 없다. | | | | | |
| | 바지 단의 길이는 뒤 굽을 살짝 덮을 정도이다. | | | | | |
| | 무릎이나 주머니가 튀어나와있지 않다. | | | | | |
| 손 | 손톱의 길이는 적당하다. | | | | | |
| | 손은 깨끗하다. | | | | | |
| 구두 | 깨끗이 닦여져 있다. | | | | | |
| | 색깔은 검정색 계열의 단정한 신발이다. | | | | | |
| 액세서리 | 유행에 따른 눈에 띄는 액세서리는 착용하지 않았다. | | | | | |

## ◈ 여성용모복장 Check List

5: 아주 좋음, 4 : 좋음, 3 : 보통, 2 : 미흡, 1 : 불량

| 구분 | 항목 | 1 | 2 | 3 | 4 | 5 |
|---|---|---|---|---|---|---|
| 머리 | 머리의 길이가 길지 않다.(긴경우 포니테일) | | | | | |
| | 앞머리가 이마와 눈을 가리지 않는다. | | | | | |
| | 염색이 너무 눈에 띄지 않는다. | | | | | |
| | 헤어제품을 적절히 사용하여 머리 모양 및 잔머리를 고정하였다. | | | | | |
| 얼굴 | 자연스럽고 밝은 분위기의 메이크업이다. | | | | | |
| | 서클렌즈를 착용하지 않았다. | | | | | |
| | 립스틱 색깔이 적당하다. | | | | | |
| | 눈썹 끝이 앞쪽보다 쳐져 있지 않고 자연스럽다. | | | | | |
| 복장 | 깃이나 소매가 청결하다. | | | | | |
| | 블라우스, 스커트 등 다림질이 잘 되어 있다. | | | | | |
| | 스커트의 길이는 무릎선 정도로 적당하다. | | | | | |
| | 유니폼의 경우 규정대로 착용하고 있다. | | | | | |
| | 너무 타이트하게 맞지 않게 입었다. | | | | | |
| | 치맛단이 터진 곳 없이 잘 정리되어 있다. | | | | | |
| 손 | 손톱의 길이는 적당하며 깨끗하게 정돈되어 있다. | | | | | |
| | 컬러는 엷은 색상을 바른다. | | | | | |
| 스타킹 | 색상은 살색이나 커피색, 검정색이다. | | | | | |
| | 여분의 스타킹을 가지고 있다. | | | | | |
| | 스타킹이 낡아서 주름이 져있거나 올이 풀려있지 않다. | | | | | |
| 구두 | 장 닦아서 광택이 있으며 깨끗이 손질되어 있다. | | | | | |
| | 디자인이 지나치게 화려하거나 캐주얼 하지 않다. | | | | | |
| | 뒤축이 벗겨지거나 닳아 있지 않다. | | | | | |
| 액세서리 | 지나치게 대담하거나 요란하지 않다. | | | | | |

## ◈ 직업 별 용모 복장

| | |
|---|---|
| 유니폼 | – 회사의 이미지를 고려하여 항상 유니폼은 단정하게 착용<br>– 명찰이나 신분증은 정위치에 부착<br>– 임의로 수선하지 않음<br>– 유니폼 규정에 맞게 착용 |
| 일반 사무직 | – 신뢰감을 주고 성실한 이미지를 위해 단정한 정장 착용<br>– 앉아서 일하는 시간이 많으므로 업무 효율성을 위하여 구김이 적고 활동하기 편한 복장 |
| 서비스업 및 공공기관 | – 다양한 고객을 응대할 수 있도록 편안하고 단정한 스타일을 연출<br>– 정장은 베이지, 감색, 회색 등이 무난<br>– 셔츠는 아이보리, 연한 핑크, 스카이블루 등 밝은 색<br>– 지나치게 여성스러움을 표현하는 것은 삼가<br>– 액세서리는 단순한 것으로 1~2개 정도 착용하고, 지나친 화장은 금지 |
| 금융 종사직 | – 정확하고 안정적인 금융지식을 전달할 수 있다는 신뢰감을 주도록 차분함과 세련된 느낌을 연출<br>– 감색이나 베이지색의 슈트 적당<br>– 새미정장을 착용할 때는 셔츠와 팬츠, 셔츠와 스커트로 단정한 느낌을 주도록 연출 |
| 세일즈맨 | – 고객을 주로 만나는 직업으로 부드럽고 친절한 이미지가 좋으며, 상품에 대한 신뢰감을 줄 수 있는 이미지 연출이 필요<br>– 고객의 성별, 연령, 상황 등에 맞는 스타일 연출 중요 |

# CHAPTER 02 이미지 메이킹



## 1 퍼스널 컬러

### 1) 퍼스널 컬러의 이해

- 자신이 가지고 있는 신체색과 조화를 이루는 컬러를 찾아 더 생기 있고 또렷해 보이게 하는 개인의 컬러로 따뜻한 톤(warm tone)와 차가운 톤(cool tone)으로 크게 나뉘며 따뜻한 톤에는 봄, 가을색이 해당되고 차가운 톤에는 여름, 겨울색이 해당된다.
- 봄, 여름, 가을, 겨울의 이미지에서 보이는 색채를 이용하여 개인의 개성 있는 이미지를 연출한다.
- 개인에게 가장 잘 어울리는 색이면서 자신감 있는 이미지를 연출할 수 있다.

♥ 퍼스널 컬러를 잘 활용하면

- 피부색이 생기 있고 건강해 보인다.
- 이목구비가 더 또렷해 보인다.
- 본래 나이보다 어려 보이는 효과가 있다.
- 다른 사람에게 호감을 주는 인상을 보여줄 수 있다.

| 따뜻한 톤(warm tone) = Yellow base | |
|---|---|
| 봄 | – 온화하고 부드러운 것이 특징이고 따뜻한 톤<br>– 머리색은 황갈색, 담황색, 엘로우 브론디, 눈동자색은 옅은<br>– 젊고 발랄하며 따뜻하고 투명한 이미지<br>– 선명하고 맑은 색<br>– 밝고 소프트한 색<br> |

<table>
<tr><th colspan="2">차가운 톤(cool tone) = blue base</th></tr>
<tr><td>여름</td><td>- 희고 푸른빛을 지닌 차갑고 부드러운 파스텔 톤<br>- 푸른빛이 돌며 얇은 피부를 가지고 있어 쉽게 붉은색이 됨<br>- 머리색은 갈색과 검정이 주를 이루지만, 짙은 색보다는 밝은 회갈색<br>- 눈동자색은 밝은 회갈색 - 밝고 맑은 색<br>- 탁하며 소프트한 색<br></td></tr>
</table>

| 가을 | – 피부색은 따뜻한 황색 톤을 지니고<br>봄 색 보다는 짙은 색<br>– 머리색은 어둡고 짙은 적갈색, 검정이고,<br>눈동자 색은 어두운 붉은 색을 지닌<br>브라운, 올리브그린 빛<br>– 이미지는 전체적으로 따뜻하고, 부드럽고<br>자연스러운 이미지<br>– 색조가 강하고 짙은 색<br>– 탁하며 소프트한 색<br> |
|---|---|

| | |
|---|---|
| 겨울 | – 피부색은 붉은 기운이 도는 투명한 피부이거나 유난히 희고 푸른빛의 창백한 피부<br>– 머리색은 블루블랙, 어두운 검정이고, 눈동자색은 검정색, 여름타입에 비해 더욱 강하고 선명<br>– 이미지는 강하고 맑으며, 차가운 느낌의 도시적인 이미지<br>– 선명하고 샤프한 색<br> |

## 2) 퍼스널 컬러를 활용한 메이크업

- Warm tone - Spring warm, Autumn warm
  - Spring Warm :캐주얼, 액티브, 귀여움, 밝고 젊은 이미지
  - Autumn Warm : 내추럴, 클래식, 우아한, 침착한 이미지
- Cool tone- Summer cool, Winter cool
  - Summer cool : 여성스러움, 심플, 로맨틱, 소프트, 상냥한 이미지
  - Winter cool : 강하고 맑으며 차갑고 도시적인 이미지

쿨톤(Cool Tone) 메이크업

웜톤(Warm Tone) 메이크업

## 2 여성 메이크업

### 1) 기초화장하기

#### ① 토너

수분공급과 약간의 클렌징 역할을 한다. 클렌징의 용도를 위해서는 화장솜을 이용한다. 클렌징의 최종 단계이자 기초의 시작단계라 할 수 있다. 화장솜을 이용할 때는 피부 결을 따라 얼굴전체에 스미도록 바르며 손을 이용할 때는 깨끗한 손에 적당량을 덜어 빠르게 흡수시킨 후 바로 다음 단계 화장품을 바르도록 한다.

#### ② 에센스

피부 수분 공급 및 영양공급의 역할 을 한다. 특히 에센스는 피부 타입 별, 피부 상태 별로 기능이 강조된 제품들이 많으며 본인의 피부 타입과 상태에 맞는 제품을 선택하여 바르도록 한다. 2-3회 정도 펌핑 후 얼굴에 꼼꼼히 흡수시킨다.

#### ③ 로션 및 크림

토너와 에센스 단계 후 보호막을 형성하고 유수분 밸런스를 유지하기 위해 사용한다. 특히 수분을 공급하는 기능이 강조된 제품을 사용하면 자연스러운 베이스 메이크업에 많은 도움이 된다.

### ④ 자외선 차단제 및 메이크업베이스

피부 노화 방지를 위해 자외선 차단제를 사용하며 메이크업 베이스에 자외선 차단 기능을 추가한 제품들이 많이 출시되어 있다. 메이크업 베이스는 피부 톤 조절과 파운데이션의 지속력에 도움을 준다. 노란 기운이 많은 얼굴에는 핑크나 보라색을 붉은 기운이 많은 경우에는 그린 톤을 사용한다. 그러나 메이크업 베이스를 많이 바르는 경우 파운데이션이 두껍게 표현되거나 너무 뽀얗게 표현되는 경우가 있을 수 있으므로 주의한다. 최근 얼굴에 자연스러운 광택감을 위해 컬러가 없는 제형의 메이크업베이스나 소량의 자연스러운 펄이 들어간 제품도 많이 출시되어있다.

| 종류 | 자외선차단제 | 컬러 베이스 | 프라이머 | 시머베이스 |
|---|---|---|---|---|
| 기능 | 자외선 차단 기능 | 메이크업 전 피부 톤을 보정하고 유지력 상승 | 모공 커버로 매끈한 피부 표현 및 유수분 조절 | 미세한 펄감으로 자연스러운 광택감 표현 |
| 주의점 | •얇게 여러 번 덧발라야 효과적<br>•촉촉한 타입을 선택하도록 함. 물처럼 흐르는 타입은 메이크업이 매트해 질 수 있음 | •메이크업이 너무 뽀얗거나 탁해질 수도 있음<br>•자체로 커버력은 충분하지 않으며 많이 바를 경우 부자연스러워짐 | •많은 양을 바르면 오히려 밀림 현상이 발생할 수 있음 | •많이 바르면 얼굴이 너무 반짝거려 오히려 인위적인 느낌이 남 |

## 2) 파운데이션

피부의 결점을 보완하고 깨끗한 피부로 표현하기 위해 바른다. 최근 종류가 다양해져서 선택 시 기능을 충분히 이해할 필요가 있다.

- 바를 때는 소량을 여러 번 덧바르도록 하며 한번에 많은 양을 바르지 않는다.
- 볼과 이마와 같이 넓은 부분부터 바른 후 남은 양으로 콧등, 인중, 턱, 눈 주위를 바른다. 특히 눈 주위와 얼굴의 가장자리는 소량만 바른다.
- 얼굴의 모든 부위에 동일한 양의 파운데이션을 일률적으로 바르면 평면적으로 보이고 인위적인 느낌을 주기 때문에 금한다.
- 커버를 원하는 부위는 얇게 여러 번 덧바르며 두드리거나 없는 듯한 느낌으로 바른다.
- 전문적인 메이크업에서는 파운데이션컬러를 3종류 이상 사용하여 베이스 톤(중간컬러), 셰딩 컬러(어두운 컬러), 하이라이트(밝은 컬러)로 얼굴 피부표현의 베이스 단계부터 자연스러운 입체감을 주기도 한다.
- 파운데이션의 컬러를 고를 때는 반드시 얼굴에 테스트해 보며 피부에 발라서 바른 듯 안 바른 듯 피부 컬러와 유사한 것을 고르는 것이 무난하다.
- 얼굴이 옐로우 기운이 많거나 다소 어두운 피부의 경우 희고 화사한 피부를 원한다 해서 얼굴 전체에 본인 피부 톤 보다 밝은 컬러를 바르지 말고 눈에 주로 보이는 볼, 이마, 턱, 콧등을 위주로 소량씩 바른다.

| 종류 | 특징 | 주의사항 |
|---|---|---|
| 리퀴드 파운데이션 | 묽은 타입이며 중간 정도 커버력으로 자연스런 피부 표현 가능. | • 손으로 바르면 지문 흔적이 남을 수 있으니 퍼프를 사용하거나 손으로 바를시 두드리듯 꼼꼼히 바른 후 손의 온기로 밀착시킴 |
| 크림 파운데이션 | 리퀴드보다 밀착력이 있어 커버력이 좋고 촉촉함. | • 손으로 바를 수 있으며 지속력이 낮을 수 있음 |
| 파우더 파운데이션 | 파우더 타입의 파운데이션을 압착하여 놓은 제품. | • Pressed Powder와 혼돈하지 않도록 주의<br>• 커버력이 우수하나 화장이 진하게 될 수 있고 인위적으로 보일 수 있음. 특히 눈 주변 이나 입가처럼 주름 있는 곳에 끼임 현상이 발생할 수도 있음. |
| 케익(스틱) 파운데이션 | 퍼프를 사용하여 바르며 커버력이 우수함 | • 바르기 편리하며 전체적으로 바를 때는 펴 바르듯이 커버를 할 부분은 두드리듯이 얇게 바른다.<br>• 유분기가 있는 편임 |
| 쿠션 파운데이션 | 자연스러운 메이크업이 가능함. 퍼프를 사용함. | • 촉촉한 피부 연출이 가능함<br>• 퍼프의 위생 상태에 신경쓰는 것이 좋음 |
| BB크림 | • Blemish Balm의 약자로 레이저 치료나 피부과 치료 후 진정 및 커버를 위해 사용된 것이 유래<br>• 발림성이 좋고 촉촉해 색조의 한 분야로 진화했으나 커버력은 약한 편임 | • 평상시 화장을 안 한 피부처럼 연출할 때 적합함. 면접이나 비행, 공식적인 메이크업으로는 단독사용에 무리가 있음<br>• 처음 바를 때는 자연스럽고 좋아 보이지만 시간이 지나면 다크닝(darkening) 현상이 발생할 수 있어 주의가 필요함. |
| CC크림 | • Color Corrector의 약자로 피부톤을 밝고 화사하게 만들어주는 역할. 커버력이 거의 없음 | • 단독으로 커버하기에는 무리가 있음<br>• 파운데이션과 함께 사용하여 효과를 높이는 편이 좋음 |

| 종류 | 특징 | 주의사항 |
|---|---|---|
| 컨실러 | • 부분적인 커버에 적합함 | • 파운데이션과 제형의 차이가 있으면 파우더 단계에서 뭉칠 수 있으니 주의<br>• 눈 주위나 입가와 같이 주름이 많은 곳은 소량만 바름<br>• 두꺼운 메이크업이 도지 않도록 소량만 바른다. |

### 3) 셰딩하기

얼굴 톤 보다 2단계 정도 어두운 컬러의 파운데이션이나 케익타입 파운데이션을 사용하여 얼굴의 가장자리를 셰딩하면 입체적이고 자연스러운 얼굴 모양을 연출할 수 있다.

- 진하거나 경계선이 생기지 않도록 조심하며 소량으로 여러 번 터치한다.
- 얼굴의 컬러와 목의 컬러가 확연히 다르지 않도록 주의한다.
- 얼굴 외곽부터 시작하여 어두운 톤에서 얼굴중심으로 올수록 밝아지도록 한다.
- 퍼프를 사용하여 자연스럽게 외곽부터 그라데이션 되도록 한다.

### 4) 파우더

파운데이션을 바른 후 유분을 살짝 잡아주는 정도로 소량을 바른다. 파우더 브러시에 소량을 묻혀서 파우더 브러시 안에 골고루 파우더가 퍼질 수 있도록 흔들어서 양을 조절한 후 이마와 볼을 중심으로 피부결 대로 바른다. 아이셰도우를 바를 눈 주변에 파우더를 발라야 아이셰도우가 뭉치지 않는다. 마찬가지로 블러셔를 바를 부분도 파우더를 소량 바르면 더욱 자연스럽게 그라데이션 할 수 있다. 촉촉한 느낌의 메이크업을 원할 때는 과감히 파우더를 생략하고 펜슬형 아이셰도우와 스틱 타입 블러셔를 사용하기도 한다.

### 5) 블러셔

얼굴 전반적으로 생기를 주기 위해 핑크나 코랄 계열로 화사한 느낌을 줄 수 있도록 한다. 소량의 파우더를 바른 후 블러셔 전용 브러쉬를 사용하여 자연스럽게 그라데이션 한다. 양조절을 잘 못해서 너무 진하게 된 경우 그 위에 다시 쿠션이나 퍼프에 소량의 파운데이션을 묻혀 수정하면 된다. 촉촉한 메이크업을 연출하는 경우는 크림타입의 블러셔를 사용하도록 한다. 특히 블러셔 전용 브러쉬를 반드시 구비하여 다른 컬러와 섞이지 않도록 해야 정확한 컬러가 발색될 수 있다.

### 6) 하이라이터

얼굴의 나온 부위를 더 볼록해 보이도록 하여 입체감과 자연스러운 흐름을 연출하는 역할을 한다. 메이크업의 마지막에 최종적으로 입체감과 화사함을 부여하고 블러셔도 더욱 자연스럽게 풀어주는 역할까지도 가능하다. 하이라이터를 메이크업 중간단계에 사용할 수도 있지만 메이크업의 가장 마지막 단계에 다시 한 번 최종적으로 터치하여 마무리 한다.

| 종류 | 리퀴드 하이라이터 | 크림 하이라이터 | 파우더 하이라이터 |
|---|---|---|---|
| 특징 | 제형 자체가 묽어서 잘 드러나지 않으므로 중간 톤 파운데이션 후 단독으로 바르면 크게 효과를 보기 어려울 수도 있다. 펄감이 있는 경우 양 조절을 소량만 바르도록 한다. 처음 바를 때는 잘 모르지만 바르고 난 후 얼굴이 전반적으로 번들거리는 것처럼 보일 수 있으니 주의한다. | 퍼프를 사용하여 조금씩 디테일하게 발라서 입체감을 표현한다. 초보자도 무난히 사용할 수 있는 제형 이다. | 하이라이터 브러쉬를 사용하여 자연스럽게 표현한다. 너무 광택감이 생기지 않도록 펄이 들어있는 경우 주의한다. |

## 7) 아이셰도우

눈을 깊이 감 있게 만들고 입체적으로 보이게 하는 역할과 함께 눈을 커 보이게 하는 기본이 된다. 아이라인만 사용하면 부자연스러울 수 있으니 반드시 아이셰도우를 사용하여 자연스럽게 연결 되도록 한다. 바르기 전 눈가의 유분을 파우더나 티슈로 잘 정리해야 뭉침 없이 자연스럽게 펴바를 수 있다.

- Base: 중간톤의 자연스러운 브라운 컬러로 눈 전체적으로 얇게 베이스 컬러를 바른다.

→ 모가 풍성하고 긴 브러쉬를 사용하여 은은하게 표현한다.

- Point: 진한 브라운이나 퍼플, 네이비, 그레이 등을 사용하여 눈꼬리 부분을 부채골 모양으로 펴서 자연스럽게 포인트를 준다.

→ 모가 짧고 탄탄한 작은 납작브러쉬 또는 스펀지 팁을 사용한다.

- High light: 눈의 가장 튀어나온 부위에 밝은 아이셰도우 컬러로 입체감을 표현해준다.

→ 손가락이나 팁, 작은 브러쉬를 사용한다.

### 8) 아이라이너

또렷하고 선명한 눈매를 연출하여 눈이 커 보이게 하는 효과를 줄 수 있다. 메이크업에서 그리는 선은 시작점부터 끝나는 점까지 한번에 그리는 선이 아니라 작은 선과 선을 이용하여 하나의 선이 완성되어야 한다. 특히 아이라인을 그릴 때 한 번에 선을 그리려 하면 부자연스럽고 비뚤어지게 그려지기 쉬우며 꼼꼼하게 표현되기 어렵다.

- 아이라인은 반드시 아주 작은 선을 연결하여 그리도록 한다.
- 속눈썹과 속눈썹 사이를 채운다는 느낌으로 1차로 촘촘히 그리고 2차로 좀 더 보충하고 매끄럽게 보완한다.
- 아이라인의 시작은 눈의 중간이나 1/3 지점부터 시작하고 눈앞과 눈꼬리는 마지막에 얇게 그리도록 한다.

| 종류 | 펜슬타입 아이라이너 | 리퀴드 아이라이너 |
|---|---|---|
| 특징 | - 부드럽게 그려지고 표현이 자연스럽다<br>- 리퀴드 라이너 사용 전에 사용하면 좋다 | 선명하고 또렷한 눈매 연출이 가능하다 |
| 주의점 | 잘 번질 수 있으므로 워터 프루프 제품을 사용한다. | - 붓펜타입: 얇고 섬세한 표현에 좋다.<br>- 하드 스틱타입: 굵고 선명한 선을 그리기에 적합하다. |

## 9) 눈썹 그리기

메이크업에서 눈썹의 모양과 각도, 컬러는 매우 중요하다. 안정감을 줄 수 있는 비율의 크기와 각도를 연습하여 얼굴의 균형감을 유지할 수 있도록 연출해야 한다.

- 아이브로우 케익으로 눈썹 전체 모양의 틀을 잡고 베이스 컬러를 연출한다.
- 아이브로우 펜슬로 눈썹 모를 한올 한올 그리듯이 채워가며 눈썹 모양을 완성한다.
- 아이브로우용 마스카라를 이용해 눈썹 결대로 정리를 해주면 더욱 자연스럽고 깔끔한 눈썹을 연출할 수 있다.

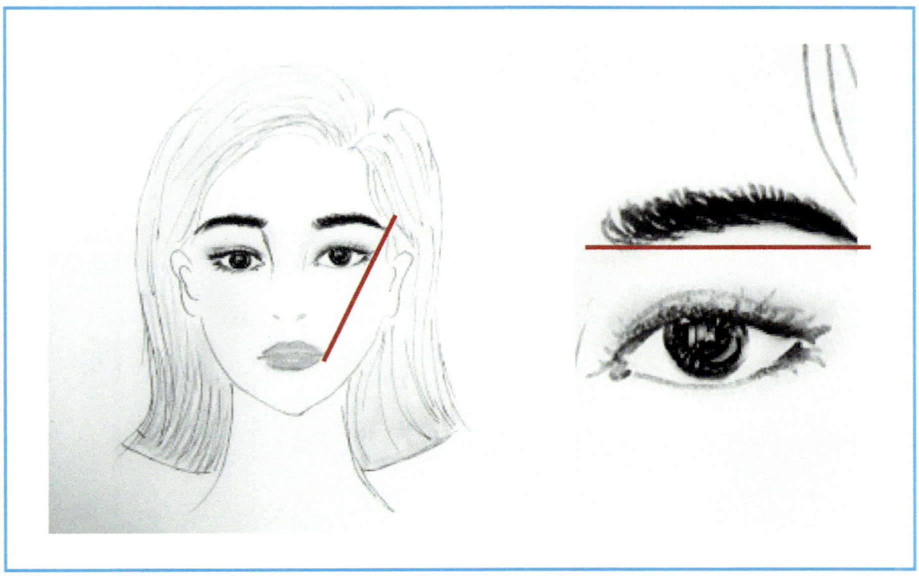

### 10) 립 메이크업하기

메이크업에 전체적으로 생기를 주기 위해 매우 중요하다. 립스틱, 립글로스, 틴트, 립밤 등 다양한 제품이 있다. 특성을 잘 이해하여 효과적으로 사용하도록 한다.

| 종류 | 립스틱 | 립글로스 | 틴트 | 립밤 |
|---|---|---|---|---|
| 특징 | 일반적인 촉촉한 제형과 매트한 타입으로 크게 나뉜다. | 광택을 주며 단독으로 컬러를 내기에는 지속력이나 강도가 다소 약할 수 있음 | Tint라는 단어의 의미대로 입술을 물들이는 기능으로 오래 지속되고 잘 지워지지 않으나 진한컬러사용 시 부자연스럽고 튀는 메이크업이 될 수 있으니 주의한다. | 입술 각질이 생기지 않도록 촉촉함을 유지 할 수 있게 해준다. 립메이크업 전에 립밤을 충분양 발라놓고 입술에 흡수되도록 한 뒤 티슈로 닦은 후 립스틱을 바르면 촉촉하고 자연스러운 컬러를 연출할 수 있다. |

## ? 궁금합니다!!

"승무원을 준비하면서 블로그나 페북, 인스타에서 친구들끼리 립스틱은 어떤 것이 좋으며 아이셰도우는 어떤 것이 좋다는 정보를 함께 공유하는데요, 실제로 승무원 선배님들이 사용하는 화장품을 알고 싶습니다."

승무원을 준비하는 분들은 한번쯤 이런 생각을 해보았을 것 입니다. 필자도 승무원 준비시절 이런 내용이 궁금했으니까요… 본 교재를 집필하면서 승무원으로 비행하고 있는 제자들에게 카카오톡으로 받은 내용을 그대로 한번 올려 보겠습니다. 단, 여기서 사용하는 화장품이 전체 항공사 승무원의 상황을 대표 하는 것은 아닙니다. 단지 메이크업을 하실 때 '아, 저 선배님은 이런 컬러 느낌으로 하셨구나' 정도만 참고해주시면 됩니다. 또한 특정 브랜드 제품을 꼭 사용하셔야 하는 것은 아닙니다. 또한 개인에게 어울리는 컬러가 모두 다르기 때문에 다시 한 번 강조 드리지만 참고용으로만 봐주시기 바랍니다.

하이라이터 입니다
맥-LIGHTSCAPADE
베카-문스톤입니다
왼쪽부터 베아 오토젤 아이라이너 로즈빈, 재즈
더페이스샵 브라운 젤라이너 입니당!
로즈빈은 언더 끝에 살짝 그리고 있어요

그리고 단델리온 훌라입니다
마스카라는 클리니크 -래쉬 파워 마스카라 입니
립은 입생로랑 -ROUGE VOLUPTE SHINE 45
페리페라 잉크보스 섞어서 바르고 있습니다
우와~~ 고마워요~~!!^^

MAC
ETUDE
LIGHTSCAPADE

## 3 남성 피부관리 및 표현

### 1) 남성의 피부관리법

#### ① 피부 고민과 피부 타입 파악하기

피부 타입이 건성, 지성, 중성, 복합성(T존 부위만 지성), 민감성인지, 여드름이 잘 나는 트러블성 피부 인지를 파악하여 피부 타입에 맞는 세안 제품과 기초 제품을 선택하도록 한다.

#### ② 순하고 부드러운 클렌징하기

민감한 피부를 가지고 있는데도 피부의 상태를 고려하지 않고 아무 비누나 사용하면 피부상태를 악화시키는 주 요인이 될 수 있다. 여드름이 나는 피부인데 여드름을 자극하는 비누로 얼굴을 닦아 내고 있는 것은 아닌지, 번들거리는 기름기 때문에 여드름이 난다고 생각해서 피부의 유분기를 빼주는 강알칼리 세안제를 사용하고 있지는 않은지 살펴봐야 한다. 여드름 피부라 하면 오일기를 제거해야 한다고 생각하지만 이런 과정에서 피부가 너무 건조해지면 오히려 여드름이 악화될 수 있다. 식물성 계면 활성제가 들어 있는 클렌징을 골라 자극 없이 부드럽게 클렌징 한다.

#### ③ 일주일에 한 번 딥 클렌징 하기

피지와 먼지나 기타 오염물의 흡착으로 피부 트러블의 원인이 될 수 있다. 모공속의 피지까지 깨끗하게 딥클렌징을 일주일에 1회 정도 스크럽을 하여 모공 안에 끼어 있는 단단하고 큰 피지 덩어리와 각질을 제거한다. 스크럽의 알갱이는 작다고 좋은 것이 아니라, 잘 깎여서 피부에 자극을 주지 않는 것을 선택하는 것이 중요하다. 아무리 잘 깎인 스크럽 알갱이라도 과도한 클렌징은 거친 모래알처럼 피부를 상하게 할 수 있고 피부를 더 민감하게 만들어 오히려 트러블의 원인이 될 수 있으니 주의한다. 스크럽을 할 때는 우선 물로 피부를 충분히 적시고 눈가를 피해 부드럽게 원을 그리듯이 살살 문질러 자극을 최소화 하면서 클렌징 한다.

### ④ 수분 제품 바르기

번들거리지 않는 촉촉한 수분 제품을 발라 줘야 피부 노화를 방지하고 트러블을 예방할 수 있다. 여드름 성일 경우 무조건 오일프리 제품을 사용하다 보면 피부가 건조해져서 트러블이 더 악화될 수 있다. 적절한 수분 공급을 해줄 수 있는 유수분 밸런스를 유지해주는 제품을 사용한다.

**• TIP • 여드름은 절대 손으로 짜지 마세요!**

여드름이나 뾰루지를 절대 손으로 짜지 않도록 한다. 충분히 소독되지 않은 도구를 사용하여 염증을 짜면 상처가 덧나서 깊은 흉터가 되고, 모공이 넓어지며 흉터가 남을 수 있다. 특히 볼 부분은 혈관이 많이 지나가는 곳이므로 손으로 짤 경우 흉터가 생기기 쉬운 부위이니 특별히 조심하도록 한다.

### ⑤ 올바른 방법으로 면도하기

감염을 막기 위해 자주 교체해야 하는 면도날이 한 달 이상 그대로 꽂혀 있지는 않은지도 확인해야 한다. 지치고 힘든 피부에는 수돗물도 자극이 될 수 있으니 달래듯이 살살 씻어 줘야 한다.

### ⑥ 자외선 차단제 바르기

피부 노화의 주 원인은 자외선이다. 따라서 외출전 기초 단계에서 반드시 자외선 차단제를 꼭 발라주도록 한다. 오일 성분이 많지 않은 산뜻하고 수분감 있는 제품을 사용한다.

### ⑦ 팩과 보습제로 피부 관리하기

일주일에 2-3회 정도 세안 후 팩을 하면 피부 탄력과 미백, 보습에 도움을 줄 수 있다. 팩은 여성만 하는 것이 아니라 좋은 피부가 이제는 남성에게도 좋은 이미지 메이킹의 기본요소가 되었기 때문에 주기적으로 실시하도록 한다.

### 2) 남성의 피부표현하기

- 토너를 얼굴 전체에 촉촉하게 두드리면서 바른다. 건조함이 사라지도록 충분히 발라준다.
- 로션을 얼굴 전체에 바른 후 얼굴에 유분을 남겨둔다
- 엄지손톱의 반 정도의 자외선 차단제를 손바닥에 비벼준 후 얼굴의 넓은 면적부터 손바닥의 마찰을 이용하여 문지르듯 펴서 바른다. (이때 손에 있는 로션의 남은 유분과 자외선 차단제를 섞어주는 과정)
- 비비크림을 새끼손톱 반 정도를 손바닥에 비벼준 후 얼굴의 넓은 면적부터 손바닥의 마찰을 이용하여 문지르듯 펴서 바른다. (과정3과 같이 로션의 유분+자외선차단제+비비크림을 섞어준다)
- 얼굴에 전체적으로 비교해보았을 때 부자연스럽게 비비크림으로 인하여 튀는 부분이 있다면 로션을 조금 짜서 그 부분에 연하게 펴 발라 밸런스를 조정해준다.
- 자외선차단제와 비비크림은 소량씩 덧발라서 자연스럽게 경계가 생기지 않도록 표현해야 한다. 얼굴 전체가 너무 티 나게 뽀얗고 하얗게 되지 않도록 주의한다.

## 4 헤어

### 1) 여성의 헤어 연출하기

유니폼 착용시 헤어는 주로 쪽 머리나 짧은 커트나 단발 스타일로 연출한다. 고객에게 단정함과 신뢰감을 줄 수 있는 항공사 유니폼에 어울리는 헤어 연출법을 알아보도록 한다.

- 단정함을 유지하기 위해 헤어 스프레이를 사용하기 때문에 머리를 감기 전에 충분히 헤어스프레이를 제거하거나 물로 헹구어 머리의 상태를 부드럽게 만들어준 후 샴푸를 하도록 한다. 헤어스프레이가 너무 딱딱하게 굳었을 때는 헤어 린스로 머리를 부드럽게 풀어준 후 샴푸를 하는 것도 하나의 방법이 될 수 있다.
- 너무 강한 매직스트레이트 파마를 하면 헤어 볼륨을 연출하기 어렵기 때문에 주의한다.
- 헤어 정수리 부분의 뿌리 볼륨을 살려야 쪽머리를 하던 커트 머리를 하던 세련되고 아름답게 연출할 수 있다. 뿌리 볼륨을 살리기 위해서는 정수리 부분의 머리가 너무 길면 머리카락이 무거워 볼륨을 살리기 어렵다. 볼 정도 내려오는 중간 정도 길이의 앞머리로 층을 내서 커트를 하면 정수리 볼륨을 살리기 좋다. 롤빗을 이용하여 드라이기로 볼륨을 연출하거나 헤어롤을 사용하는 방법, 뿌리펌을 하는 방법 등 다양한 방법이 있다.
- 뿌리 볼륨을 살리기 위해 주기적으로 가르마를 바꿔주는 것도 하나의 방법이 될 수 있다.

### ① 쪽머리 연출하기

- 뿌리 볼륨 살리기: 롤 빗으로 정수리 뿌리를 단단하게 감아서 드라이로 열을 가한다.
- 정수리 부분 띄워서 모양 만들기: 뿌리 볼륨을 살린 후 정수리부터 귀위로 4cm정도의 정수리 중앙 부분의 머리를 손으로 잡고 뒷 쪽 방향으로 빗질하여 정수리 머리 모양을 동그랗게 띄워서 만든다. 이 상태에서 스프레이를 살짝 뿌린 후 약한 드라이 바람을 준다.
- 머리 묶기: 정수리 띄운 부분 이외의 아래 머리까지 모두 가지런히 뒷 방향으로 빗질하여 단단한 고무줄로 머리를 묶는다. 머리 묶는 위치는 본인 귀 중앙선에 맞춘다.
- 스프레이로 고정하기: 전체적으로 워터 스프레이를 뿌려 손바닥으로 잔머리를 전체적으로 눌러서 잡아준다. 바로 소량의 스프레이를 나눠서 분사한 후 다시 꼬리 빗의 얇은 뒷부분으로 머리를 정리한 후 약한 드라이 바람으로 머리를 고정시킨다.
- 앞머리를 내린 형은 이마가 1/3 이상이 드러나도록 하며 적당한 웨이브를 넣어 손질한다.
- 잔머리가 보이지 않도록 헤어 용품을 사용하며 ALL BACK, 가르마, 볼륨, 발레리나 스타일로 변화를 줄 수 있으며 뒷머리는 포니테일형으로 한다.
- 앞머리는 고정시켜 서비스 시 흘러내리지 않도록 한다.
- 잔머리는 헤어 용품을 사용하여 정리한다.
- 미세망을 이용하여 머리를 감사고 시계방향으로 동그랗게 방향을 돌리며 U자 핀으로 고정한다.

### ② 커트 형 및 단발머리 손질하기

- 커트 형과 단발머리는 앞머리와 옆머리가 흘러내리지 않도록 단정하게 손질한다.
- 드라이로 머리 결을 따라 자연스럽게 볼륨을 살리면서 드라이 한다.
- 가리마는 6:4정도의 비율로 하며 5:5가 되지 않도록 주의 한다.
- 가리마를 따라 앞머리를 사선으로 이마가 2/3정도 보이도록 손질한 후 스프레이를 뿌리도 드라이 바람을 준다.
- 양 옆머리를 귀 뒤로 잘 고정한 후 스프레이를 뿌려 고정하고 드라이 바람을 주어 흘러내리지 않도록 고정한다.
- 단발머리의 경우 머리가 바깥으로 뻗치지 않도록 안쪽 방향으로 컬이 생기도록 드라이해준다.

### 2) 남성의 헤어 연출하기

- 청결하고 단정한 머리 모양을 유지해야 하며 길이가 너무 짧거나 긴 머리는 지양한다. (짧은 스포츠 형, 셔츠 깃에 닿는 길이 등)
- 이마는 드러나도록 손질하며 본인의 얼굴형과 이미지 그리고 모발의 특성에 맞게 헤어 스타일을 연출한다.
- 헤어 제품을 적당량 사용하여 헤어 스타일을 단정하게 유지한다.
- 머리 염색은 자연스러운 갈색 톤으로 하며 머리가 자라서 본인 머리 색깔과 차이가 나지 않도록 관리한다.

## 5 밝은 표정 연출

항공사의 업무는 고객과 만나고 소통하는 업무가 주를 이루기 때문에 밝은 표정과 편안한 느낌을 줄 수 있어야 한다. 좋은 표정은 기본적으로 웃는 얼굴에서 시작되는데 이러한 미소는 평상시에 잘 웃는 습관을 들여놓아야 자연스럽게 나올 수 있다. 미소를 연습이라고 표현하는 경우가 많은데 특히 승무원 지망생들이 "미소연습을 어떻게 하나요?"라는 질문을 자주 하는 것을 보게 된다. 치아가 8개가 보여야 한다, 입 꼬리가 올라가야 한다, 볼이 올라가야 한다 등 여러 가지 방법을 공식처럼 이야기하는데 미소를 연습이라고 생각하는 순간 좋은 자연스러운 미소를 지을 수 없게 된다. 이렇게 연습으로 공식화 하여 만든 미소는 매우 부자연스럽게 보이고 상대방에게 편안하고 진정한 미소로 느껴지지 않는다.

미소는 연습이 아니라 밝고 즐거운 마음을 갖는 것에서 부터 시작하는 것이 좋다. 감사했던 일, 재미있었던 일, 즐거웠던 일, 좋아하는 사람, 흐뭇했던 기억 등 긍정적이고 밝은 생각을 먼저 하면서 자연스럽게 나오는 미소가 습관화 되어야 한다.

### 1) 첫인상의 개념

- 첫눈에 느껴지는 인상으로, 처음 만난 지 2~10초 내에 결정된다.
- 첫인상은 머릿속에 오래 남아 바꾸는 데 많은 노력과 시간이 필요하다.
- 인상은 이미지(Image)라고도 하며 다른 사람에게 비추어지는 자신의 모습으로 머릿속에 남아 쉽게 사라지지 않는 특징

#### 메라비안의 법칙

인상이나 호감을 결정하는데 영향을 미치는 요소에 대한 이론
– 시각적 요소 : 55%의 시각적 정보가 첫인상 형성
– 청각적 요소 : 38%의 청각적 정보가 첫인상 형성
– 언어적 요소 : 7%의 언어적 정보가 첫인상 형성

### 2) 표정의 개념

- 표정은 내면의 어떠한 의미가 얼굴로 표출되는 것이다
- 표정으로도 자신의 마음을 표현할 수 있고 말하는 사람의 마음을 읽을 수도 있다.
- 학자들은 얼굴의 표정이 바뀌면 그 사람의 감정도 실제로 바뀐다고 한다.

### 3) 미소

미국의 심리학자인 폴 에크만은 진짜 미소를 밝혀 내응 연구를 하였다. 그는 사람이 42개의 얼굴 근육을 조합하여 19가지 종류의 미소를 만들어 낼 수 있는데 이중 1개만 진정한 즐거움에서 오는 미소라 하였다. 보통 미소를 지을 때는 광대뼈와 입술 가장자리를 연결하는 협골근과 입술 가장자리의 근육인 구륜근을 사용하는데 진짜 미소를 지을 때는 이러한 근육과 함께 얼굴의 가장자리 근육인 안륜근을 사용하게 됨을 밝혀냈다. 우리가 미소를 연습할 때도 부자연스러운 미소는 눈이 웃지 않는 미소 인 것을 볼 때 이를 증명 뒷받침 하는 연구 결과인 것이다.

| |
|---|
| 눈의 표정 : 밝은 표정은 눈의 표정에서 시작된다.<br>입의 표정 : 눈과 입이 조화를 이루어야 밝은 표정이 만들어진다.<br>시선처리 : 적절한 시선처리는 밝은 표정과 설득력을 높이는 효과를 가지고 있다. |

### 밝은 표정을 위한 중요 Point

- 자연스러운 웃음은 입만 웃는 것이 아니라 눈까지도 함께 웃는 것이다.
- 호감 주는 표정을 연출해야 할 경우 말하는 중간 중간에 눈썹을 가끔씩 올리게 되면 따뜻하고 열려있다는 느낌을 전달할 수 있다.
- 강조할 때나 중요한 포인트에 눈썹을 올리면 효과적이다.
- 마음이 열리면 눈썹이 올라가고 눈꺼풀이 긴장되어 눈을 반짝 뜨게 되고, 마음이 닫히면 눈썹이 그대로 있는 상태에서 눈을 내려 뜨게 된다.
- 눈과 입은 항상 조화를 이루어 좋은 표정을 만들어낸다.
- 눈썹과 입 꼬리는 한 방향으로 같이 움직이게 되어 있다.
- 눈썹이 열리면 입 꼬리도 열리고, 입 꼬리가 열리면 눈썹도 열린다.
- 상대방과 감정적인 교류가 일어날 때는 더욱 자주 눈 맞춤(Eye contact)을 하는 것이 좀 더 친밀감을 표현할 수 있다.
- 대화의 포인트에서 상대와 눈 맞춤을 하지 못한다면 설득력을 잃을 수 있다.
- 적절한 시선처리는 대화하는 시간의 약 40~ 60%를 상대의 미간을 자연스럽게 바라보는 것이 가장 좋다. 나머지 시선은 대화 중 둘 사이에 놓인 공간이나 서류 등에 시선을 분배하는 것이 편안하다.

### ① 얼굴의 근육을 풀기

- 아, 에, 이, 오, 우 발음을 크게 하여 얼굴 입 주위 근육을 풀어준다.
- 양 볼에 각각 바람을 넣어서 입 주위 근육을 풀어준다.
- 눈썹을 위 아래로 올렸다 내리기를 1-회 반복한다.
- 볼의 광대 부분을 위로 올렸다가 내리기를 반복한다.
- 양 볼의 관대가 올라간 상태에서 입 꼬리가 올라가도록 미소 짓는 입을 10초에서 점점 늘려서 시간을 늘려 유지하는 연습을 한다.

### ② 눈이 웃는 연습을 한다

- 종이로 입을 가리고 웃어본다.
- 이때 입을 가린 상태의 눈의 느낌이 웃는 느낌인지를 점검한다.
- 눈까지 자연스럽게 웃는 표정을 연출해본다.
- 눈이 웃는 느낌을 주려고 눈을 작게 뜨거나 인위적으로 연출하지 않도록 주의 한다.

### ③ 즐겁고 감사한 마음을 갖는다

- 미소를 짓기 전에 늘 감사하고 즐거운 생각을 하도록 습관화한다.
- 즐거운 생각을 하면서 미소 지을 때와 아무런 생각 없이 미소를 지을 때를 사진과 동영상으로 비교해 본다.

## ✈ Practice

옆친구와 최근 즐거웠던 일을 간단히 나누어 봅시다.

1. [표정] 눈과 입은 함께 웃고 있는가?
   (눈의 표정이 밝은가, 입꼬리가 올라가 있는가?
   자연스럽고 편안한 표정인가?)

2. [표정] 상대방을 자연스러운 시선으로 Eye Contact하고 있는가?

3. 대화를 하면서 미소를 유지할 수 있는가?

memo

# CHAPTER 03 호감주는 음성(voice) 만들기



## 1 발성하기

### 1) 복식호흡 연습하기

복식호흡은 복부에 숨을(공기) 크게 담을 수 있으므로 호흡량이 대화시 안정되고 편안한 목소리를 낼 수 있다. 호감 주는 목소리를 위한 첫단계인 복식호흡을 연습해 보도록 한다.

- 숨을 들이쉴 때는 코로 공기를 넣어 아랫배에 들어온 숨을 배가 뽈록해지도록 최대한 저장한 후 뱉을 때는 입으로 조금씩 뱉어나가는데 배가 아주 납작해 질 때까지 숨을 모두 내뱉는다.
- 다시 코로 숨을 들이마시고 배가 볼록하도록 확인 후 다시 내쉬기 입으로 조금씩 조금씩 배가 아주 납작해질 때까지 이 방법을 여러 번 반복해서 연습한다.

① 등을 펴고 바른 자세로 앉는다. 서있을 시에는 편한 자세로 어깨의 힘을 뺀다.

**② 코로 숨을 들이마시는데 가슴이 부풀어 오르는 게 아니라 배가 둥근 풍선 처럼 최대한 볼록 부풀어 오른다.**

"코로 들이마시기 (1,2,3,4,5초)"

→ 배가 볼록해졌는지 체크한다. 이때 어깨가 들어 올라가면 잘못된 것이다. 배가 볼록해지는지 집중해야 한다.

**③ 내쉴 때는 입을 아주 작게 살짝 공간을 열어서 숨을 조금씩 배가 아주 납작해 질 때까지 내뱉는다.**

"입으로 내쉬기 (1,2,3,4,5초)" (배가 아주 납작해져야 함)

위의 방법을 10번 반복 후 들이마시고 내쉬는 시간의 길이를 점점 늘려 본다. 내쉬는 시간이 길어져야 안정된 복식호흡을 통한 복식 발성을 구사할 수 있다.

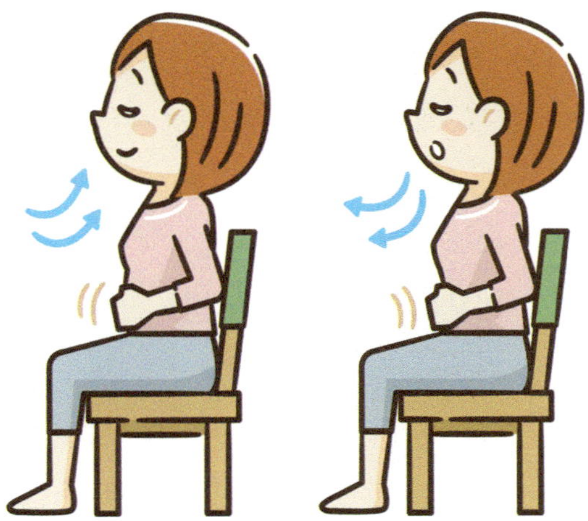

### 2) 복식 발성하기

① 복식호흡을 한다.

② 복식호흡을 하면서 내쉬는 숨에 자음 음가를 넣어 소리를 입혀 본다.

③ 숨을 최대한 저장한 후 뱉을 때는 입으로 조금씩 뱉어나가는데 이때 [ㅋ][ㅌ][ㅍ][ㅅ] 소리를 입혀 숨을 내뱉어 본다. 처음엔 자음의 음가만 입혀서 연습해본다. 성대가 떨리지 않도록 한다.

"코로 들이쉬고 입으로 내쉬면서 최대한 길게 [ㅋ] →→→→→
코로 들이쉬고 입으로 내쉬면서 최대한 길게 [ㅌ] →→→→→
코로 들이쉬고 입으로 내쉬면서 최대한 길게 [ㅍ] →→→→→
코로 들이쉬고 입으로 내쉬면서 최대한 길게 [ㅅ] →→→→→

④ 숨을 최대한 저장한 후 뱉을 때는 입으로 조금씩 뱉어나가는데 이때 [가]부터 [하] 소리를 입혀 숨을 내뱉어 본다.

"숨을 입으로 내쉴 때 자음과 모음의 음가를 입혀서 내쉬어보자."
"코로 들이쉬고 입으로 내쉬면서 최대한 길게 [가] →→→→→"
코로 들이쉬고 입으로 내쉬면서 최대한 길게 [나] →→→→→
코로 들이쉬고 입으로 내쉬면서 최대한 길게 [다] →→→→→
코로 들이쉬고 입으로 내쉬면서 최대한 길게 [라] →→→→→
:
:
코로 들이쉬고 입으로 내쉬면서 최대한 길게 [하] →→→→→

♤ 배에 힘이 들어가는지 명치에 손을 얹고 체크하면서 연습하자.

### ⑤ 이제 공기와 소리가 함께 나오도록 연습해 본다.

발성에 있어서 편안한 소리를 내기 위해서는 공기가 함께 발성과 묻어 나와야한다. TV오디션 프로그램에서 '공기 반 소리 반'이란 표현이 매우 유명해졌다. 이는 공기가 함께 안 나오고 소리만 나오면 센소리로 들리게 되고 공기와 소리가 함께 나오면 부드럽고 안정된 소리가 나오게 된다는 의미이다.

- 복식 발성 시 목에 힘을 최대한 풀어 보도록 한다.
- 목에 힘을 주면 닫힌 소리 즉, 공기가 없는 센소리가 나오게 된다.
- 입모양을 평소보다 크게 하고 목구멍을 열어준다는 느낌으로 소리를 내면 공기가 함께 나오는 공기 반 소리반의 발성에 가까워 질 수 있다.
- 공기 반 소리반의 소리를 내기 위해서 방법을 잘 모르겠다면 발음하고자 하는 음가에 가~ㅎ, 나~ㅎ, 다~ㅎ, 라~ㅎ, 마~ㅎ ....... [ㅎ] 음가를 넣는다는 느낌으로 발성해 본다.

### ⑥ 스타카토 발성 연습하기

스타카토란 악보상에서 음을 연주하거나 부를 때 한 박자를 절반 정도의 길이로 끊어서 연주하거나 부르도록 하는 지시표를 말한다. 배에 손을 얹고 음악의 스타카토처럼 1초의 느낌으로 끊어 발성하는 연습을 해보자. 이때 배가 뿔룩 뿔룩 힘이 들어가며 나와야 한다.

. . . . . . . . . .

**아 야 어 여 오 요 우 유 으 이**

. . . . . . . . . .

**가 나 다 라 마 바 사 아 자 차 카 타 파 하**

· · · · · · · · · · ·

**안 녕 하 십 니 까 , 어서 오십시오**

- 한음 한음이 끝날 때 배의 움직임에 집중하여 소리 울림의 시작이 복부라는 생각을 집중하고 소리를 내야 한다.
- 목에 힘이 들어가지 않도록 주의해야 한다. 소리 울림의 시작은 목이 아님을 잊지 말아야 한다.

## ✈ Practice

코로 들이마시고 내쉬면서 "안녕하십니까" 배에 힘이 들어가는지 체크

코로 들이마시고 내쉬면서 "감사합니다" 배에 힘이 들어가는지 체크

코로 들이마시고 내쉬면서 "환영합니다" 배에 힘이 들어가는지 체크

코로 들이마시고 내쉬면서 "어서오십시오" 배에 힘이 들어가는지 체크

코로 들이마시고 내쉬면서 "무엇을 도와 드릴까요" 배에 힘이 들어가는지 체크

## 2 올바른 발음하기

### 1) 정확한 발음을 위한 연습방법

발음은 발성을 통하여 혀, 입술, 턱 연구개와 같은 조음기관에 의해서 발음이 만들어진다. 이러한 조음기관 즉, 혀의 위치, 입술의 모양, 턱과 연구개의 원활하고 정확한 움직임의 정도에 따라 정확한 발음 구사여부가 결정된다.

#### ① 이를 물고 발음연습하기

정확한 발음을 위하여 우리의 조음기관을 좀 더 어려운 환경으로 만들어 준 후 발음 연습을 하는 방법이다. 이를 물고 발음을 하려면 조음기관 공간이 좁아져 혀가 움직이기 어렵고 턱의 운동도 어려운 상황이 된다. 이러한 어려운 조음환경에서 정확한 발음을 구사하려는 연습을 하면 일반적 조음환경에서 보다 정확한 발음을 구사할 수 있게 된다.

* 윗니와 아랫니를 꽉 닫는다.
* 먼저 모음을 이런 상태에서 연습한다.
'아, 이, 우, 에, 오'
* 이때 최대한 평상시 발음과 같은 소리가 나도록 연습한다.
* 자음+모음을 연습한다.
* 다음문장을 5회 읽어본다.

### ② 숨을 들이쉰 후 말하기

발성은 호흡이 밑받침되어야 올바르게 되고 발음은 발성이 안정적이여야 정확하게 구사할 수 있다. 따라서 정확한 발음을 위해 코로 숨을 들이쉬고 충분한 숨을 머금고 뱉으며 말하기 연습을 한다.

- 코로 숨을 빠르게 들이쉰다.
- 입으로 숨을 뱉는 동시에 말한다.
  "흠(코로 들이쉬고) 아~~(입으로 뱉고)" 10회 연습
  "흠(코로 들이쉬고) 안녕하십니까(입으로 뱉고)"
  "흠(코로 들이쉬고) 감사합니다(입으로 뱉고)"
  "흠(코로 들이쉬고) 어서오십시오(입으로 뱉고)"

### ③ 발음을 위한 안면근육 스트레칭 하기

좋은 발성을 위한 정확한 발음을 위해 입 근육을 중심으로 한 전반적인 안면근육의 스트레칭이 필요하다. 우리가 운동을 하기 전 부상 방지 및 운동의 효과를 위해 스트레칭을 해야 하는 것처럼 방송도 얼굴근육과 구강·성대 근육을 사용하는 운동이라고 생각하고 방송 전에 충분한 스트레칭을 통하여 정확한 발음을 할 수 있도록 한다. 영화 촬영 현장이나 방송녹화 이전에 영화배우나 연예인, 방송인들도 얼굴근육과 입 주변 근육을 풀어주는 스트레칭을 실시한다. 방송에 필요한 근육을 잘 풀어주고 스트레칭해주면 좋은 발음에 큰 효과를 볼 수 있다.

- 눈썹에 힘을 주어 상하로 스트레칭 한다.
- 코를 찡긋찡긋 하기 10회 실시한다.
- 볼에 바람을 넣었다 빼기를 10회 실시한다.
- 볼에 바람을 넣어 좌우로 공기를 이동시키기를 10회 실시한다.
- 입을 '우~~' 하면서 앞으로 최대한 내밀기를 10회 실시한다.
- '푸~~~'하면서 입술 떨기 10회 실시한다.
  (양쪽 입 꼬리에 손을 지그시 대고하면 더 잘된다)
- '아, 이, 우, 에, 오'를 입모양을 최대한 크게 하며 10회 실시한다.
- 혀를 최대한 바깥으로 길게 빼기 5회 실시한다.
- 하품하듯 입안의 아치를 둥글게 만들고 목구멍을 크게 만들기를 3회 실시한다.
- 배에 힘주기 2초(호흡 입으로 내뱉기), 힘빼기 2초(코로 숨들이 마시기)/ 힘주기 2초(호흡 입으로 내뱉기), 힘빼기 2초(코로 숨들이 마시기)/ …… 반복 …… 20회 실시한다.

### ④ 거울 보며 연습하기

정확한 발음을 위해서는 입 모양이 정확해야 하며 입 모양의 정확도는 모음에 영향을 준다. 또한 혀의 위치는 자음에 영향을 주며 정확한 발음구사의 중요한 부분이다. 음절하나하나를 놓치지 말고 음가를 생각하면서 입모양에 신경 쓰고 혀의 위치에 집중하여 다음을 발음해 본다.

- 가로 행을 먼저 연습하고 세로 열을 연습한다.
- 모음과 자음의 음가에 집중하며 연습한다.
- 반드시 앞서 연습한 복식호흡, 복식발성에 먼저 집중한 상태에서 발음 연습을 한다.

## 3 듣기 좋은 음성 연출하기

### 1) 자신의 목소리 찾기

방송을 듣는 사람에게 편안하고 좋게 느껴지는 목소리는 바로 꾸밈 없는 자신의 목소리이다.

**① 목의 튀어나온 부분을 찾는다. 목에 손을 데고 높은음 [아] 낮은음 [아]를 해보면 톡 튀어 나온 부분이 높은 소리를 내면 올라가고 낮은 소리를 내면 내려가는 것을 느낄 수 있을 것이다.**

"목의 튀어나온 부분에 손을 데고 [아↗][아↘] 높고 낮은 소리를 내어 봅시다. 목의 튀어나온 부분의 움직임을 잘 느껴보도록 합시다."

**② 목의 튀어나온 부분에 손을 데고 높은 소리 낮은 소리를 내서 위 아래로 움직임을 느껴보다가 목의 튀어나온 부분이 올라가지도 내려가지도 않는 음을 찾아본다. 그 음이 자연스러운 자신의 목소리이다.**

"목의 튀어나온 부분에 손을 데고 [아↗][아↘][아→] 여러음을 내어 봅시다. 목의 튀어나온 부분이 움직이지 않게 되는 음을 찾아 잘 기억합시다. 모두 찾으셨으면 그 음으로 '안녕하십니까' 멘트를 해봅시다. 이때 앞에서 배운 복식발성, 배에 힘을 주시고, 목 튀어나온 부분이 흔들리지 않는 음으로 '안녕하십니까' 라고 해보십시오."

### 2) 호감 주는 목소리 만들기

호감 주는 음성을 위해서는 복부 아래에서부터 올라오는 발성이 중요함을 앞서 배웠다. 그러나 목소리가 작거나 일정한 크기로 동일하게 말하면 전달력이 없고 신뢰감을 느끼기 어렵다. 특히 여학생의 경우 흉식 발성이 습관화되어 목에 힘을 주는 발성에 익숙하여 깊지 못한 발성과 함께 작은 목소리로 유아스러운 느낌을 주기 쉽다. 따라서 앞서 연습한 복부 발성을 잘 지키고 자신감 있는 목소리 톤을 갖도록 연습을 해보도록 한다.

먼저 목소리 크기를 조절할 수 있는 연습이 필요하다. 소리가 커진다 해서 톤이 올라가면 안 된다. 소리크기의 차이이지 음의 높고 낮음이 아님을 명심하도록 하자. 큰 성량을 내기 위해서는 복부에 힘을 많이 주고 명치에 집중하여 소리의 크기를 조절하도록 한다.

#### ① 목소리 크기조절 연습하기

- 목소리 크기의 단계를 1부터 5까지 있다고 생각하고 숫자가 올라갈수록 큰 목소리를 내어본다.

  오디오나 스마트폰의 음악을 들을 때 볼륨을 작게 크게 단계별로 조절하는 것을 생각하며 연습한다. 이때 목소리 볼륨 크기의 조절은 배의 힘의 강약차이로 생각하면 된다. 작은 소리에는 배에 힘을 약하게 소리의 단계가 올라갈수록 배에 들어가는 힘이 강해지도록 하며 자연스럽게 목소리 볼륨을 조절할 수 있다.

  "코로 호흡을 들이마시고 입으로 내쉬면서 배에 힘을 주고 1단계볼륨 가장 작은 소리로 '안녕하십니까', 그 다음 다시 복식호흡을 하며 복식 발성으로 2단계볼륨으로 1단계보다 조금 더 크게 '안녕하십니까', 3단계 → 4단계 → 5단계로 볼륨을 높여서 '안녕하십니까'를 말해본다. 볼륨조절은 배에 들어가는 힘의 강약 정도라고 생각하면서 연습한다.

- 1-5단계로 5-1단계로 순차적 볼륨조절 연습을 충분히 한 후 이제는 1,3단계 2,5단계 2,4단계 1,2단계, 1,4단계 등 자신이 원하는 목소리 크기로 자유자제로 구사할 수 있는 연습을 한다.

### ② 승객과 대화 시 주의 사항

- 먼저 복식 발성을 위해 준비하고 대화 전 먼저 미소를 짓도록 한다.
- 미소를 지으면 광대가 올라가므로 승객과 대화 시 좀 더 밝은 톤의 음성을 연출할 수 있다.
- 승객과 eye contact을 한다.
- 서비스맨의 입장을 더 많이 말하지 않도록 한다. 승객의 입장을 더 듣도록 한다.
- 기쁠 때는 밝은 톤으로 사과를 할 때는 진중한 톤으로 진심을 담아 대화를 한다.
- 진심 없는 대화는 승객에게 친절하게 느껴지기 어렵다.

CHAPTER 04

# 상황별 기본 매너



## 1 인사하기

### 1) 인사의 중요성

- 인간관계의 첫걸음이며 서로에 대한 가장 기본적인 예의임.
- 자신의 인격과 교양을 외적으로 나타내는 것이다.
- 인사는 상대에 대한 감사와 존경을 표현하는 것이다.
- 인사는 내가 먼저 밝은 표정과 목소리로 상대방의 얼굴을 보며 분명하게 한다.
- 인사는 시간과 장소, 상황(T.P.O)을 고려해서 해야 한다.
- 고객에 대한 환영과 봉사 정신의 표현하는 것으로 밝고 진심어린 인사를 한다.

✤ 공수자세

– 의식 행사 또는 어른 앞에서 두 손을 맞잡는 것으로 모든 행동의 시작을 의미
– 남자는 왼손, 여자는 오른손이 위로 가도록 하여 엄지손가락은 엇갈려 깍지를 끼고 네 손가락을 모아서 포갬
– 흉사(초상집, 영결식)에는 반대로 하고, 제사는 평상시의 공수 자세

| | |
|---|---|
| 표정 | 밝고 부드러운 미소를 짓는다. |
| 시선 | 상대의 눈이나 미간을 부드럽게 바라본다. |
| 머리-가슴-허리-다리 | 자연스럽게 곧게 펴서 일직선이 되도록 한다. |
| 어깨 | 힘을 빼고 자연스럽게 내린다. |
| 무릎 | 남자 : 주먹을 가볍게 쥐고 재봉선 옆에 위치<br>여자 : 오른 손이 위로 오게 하여 배꼽 아래 위치 |
| 손 | 곧게 펴고 무릎을 붙인다. |
| 발 | 발뒤꿈치는 붙이고, 발의 앞쪽은 남자는 30도, 여자는 15도 정도 살짝 벌린다. |

## 2) 인사의 종류

| | | |
|---|---|---|
| 목 례 | 방 법 | - 눈으로 예의를 표하는 인사<br>- 상체를 숙이지 않고 가볍게 머리만 숙여서 인사 |
| | 상 황 | - 실내나 복도에서 자주 마주치는 경우<br>- 양손에 무거운 짐을 들고 있는 경우<br>- 모르는 사람과 마주 칠 경우<br>- 통화 중일 경우 |
| 약 례 | 방 법 | - 허리를 15도 정도 숙여서 인사하고, 시선은 자신의 발 끝에서 2.5m 정도 거리를 둠<br>- 짧은 시간에 이루어지는 인사이므로, 반드시 미소를 보내야 함 |
| | 상 황 | - 실내나 통로, 엘리베이터 안과 같이 협소한 공간<br>- 화장실과 같은 개인적인 공간<br>- 상사나 손님을 여러 차례 만나는 경우<br>- 손아랫사람에게 인사하는 경우<br>- 동료나 친한 사람과 만나는 경우<br>- 상사가 주재하는 회의, 면담, 대화의 시작과 끝 |

| | | |
|---|---|---|
| 보통례 | 방 법 | - 인사 중 가장 많이 하는 인사로, 상대에 대한 정식 인사<br>- 허리를 30도 살짝 숙여서 인사하고, 시선은 자신의 발 끝에서 2m 정도 거리를 둠<br>- 인사말을 같이 해야 하며, 허리를 너무 빨리 세우면 가벼운 인사의 느낌이 들기 때문에 주의 |
| | 상 황 | - 손님이나 상사를 만나거나 헤어지는 경우<br>- 보편적으로 처음 만나거나 인사하는 경우<br>- 상사에게 보고하거나 지시를 받을 경우 |
| 정중례 | 방 법 | - 허리를 45도 정도 살짝 숙여서 인사하고, 시선은 자신의 발 끝에서 1.5m 정도의 거리를 둠<br>- 가장 정중한 표현이므로 가벼운 표정이나 입을 벌리고 웃는 행동은 삼가 |
| | 상 황 | - 감사의 뜻을 전할 경우<br>- 잘못 된 일에 대해 사과할 경우<br>- 면접이나 공식 석상에서 처음 인사하는 경우<br>- VIP, CEO를 맞이 할 경우 |

## 2 소개하기

### 1) 소개의 방법

- 소개자의 소속, 직책, 성명 등을 간단하게 설명한다.
- 직위와 성별 등이 혼합된 다수의 사람이 있을 때는 각자 소개한다.
- 소개를 할 때 자신의 이름을 정확하게 말하고, 상대방의 이름을 기억하도록 한다.
- 한 사람을 여러 사람에게 소개해야 할 경우, 한 사람을 여러 사람에게 먼저 소개한 후 여러 사람을 한 사람에게 소개한다.

### 2) 소개의 순서

| 선(先/먼저 소개) | 후(後/뒤에 소개) |
|---|---|
| 손 아랫사람 | 손 위사람 |
| 남성 | 여성 |
| 연소자 | 연장자 |
| 지위가 낮은 사람 | 지위가 높은 사람 |
| 미혼인 사람 | 기혼인 사람 |
| 집안 사람 | 손님 |
| 회사 사람 | 외부 고객 |

## 3 안내하기

### 1) 복도에서 안내하기

- 안내할 때는 손님보다 2~3보 가량 비스듬히 앞서 사선 걸음으로 안내한다.
- 손님이 잘 따라 오는지를 수시로 확인한다.
- 손가락은 펴서 가지런히 붙여 방향을 안내한다. (삼점법 : 상대방 눈 → 지시 방향 → 상대방 눈)
- 시선은 항상 얼굴과 함께 이동해야 한다.
- 손님과의 거리를 확인하면서 걷고, 모퉁이를 돌 때에는 방향을 잘 안내해야 한다.

### 2) 계단/에스컬레이터에서 안내하기

- 계단과 에스컬레이터를 오를 때는 고객보다 한두 계단 뒤에서 안내하며 올라가고, 내려올 때는 고객 보다 한 두 계단 앞서 안내하며 내려온다.
- 스커트 차림의 여성을 안내할 경우에 계단을 올라갈 때는 남자가 먼저 올라가고, 내려올 때는 여자가 앞서 내려간다.
- 계단을 오를 경우 고객이 잘 따라 올 수 있도록 속도를 조절한다.
- 계단을 이용하는 다른 고객을 위하여 한 방향으로 이동하며 안내한다.

〈복도, 계단에서 안내하기〉

### 3) 위치 안내

- 위치를 물어볼 경우는 해당 장소를 복창하여 확인한다.

  예 엘리베이터가 어디 있나요?

  네, 엘리베이터 말씀이십니까? 엘리베이터는 손님 우측 복도 끝에 있습니다.

- 방향을 지시할 때 상대방과 같은 방향을 보며 안내한다.
- 지시하는 손은 손가락을 모아 손바닥 전체로 가리킨다.
- 시선은 '상대방 → 가리키는 방향 → 상대방 (3단계 눈 맞춤)' 순으로 옮긴다.
- 반드시 대화를 하면서 가리키고 손등은 보이지 않도록 한다.

## 4) 엘리베이터에서 안내하기

- 상석은 들어가 좌측이고, 손님이 중앙에 선 경우 그 주위에 선다.
- 승무원이 있을 때는 손님보다 나중에 타고, 내릴 때는 손님보다 먼저 내린다.
- 승무원이 없을 때는 버튼을 조작하기 위하여 손님보다 먼저 타고, 내릴 때는 안전하게 버튼을 누른 상태에서 손님을 먼저 내리게 한다.
- 목적지를 잘 알고 있는 상사나 여성과 동행 시에는 상사 또는 여성이 먼저 타고 내린다.

〈엘리베이터에서 안내하기〉

### 5) 문에서 안내하기

- 당겨서 여는 문일 경우에는 안내자가 문을 당겨 열고 서서 고객이 먼저 통과
- 밀고 들어가는 문일 경우에는 안내자가 먼저 통과한 후, 문 옆에 서서 문을 잡고 고객을 통과시킴
- 미닫이 문인 경우 들어갈 때와 나올 때 모두 안내자가 먼저 들어가고, 나온다.

| | |
|---|---|
| 당겨서 여는 문 | 안내자가 문을 당겨 열고 서서 고객이 먼저 통과하도록 안내 |
| 밀고 들어가는 문 | 안내자가 먼저 통과한 후, 문 옆에 서서 문을 잡고 고객을 통과 |
| 회전문 | 손님을 먼저 들어가게 하고 손님의 걸음 속도에 맞추어 뒤에서 문을 밀어 줌 |
| 미닫이 문 | 들어 갈 때와 나올 때 모두 안내자가 먼저 들어가고 나옴 |

〈문에서 안내하기〉

## 4 물건 수수 자세

- 양손으로 가슴과 허리 사이 위치에서 물건 수수
- 작은 물건을 주고받을 때에는 한 손을 다른 한 손으로 받쳐서 공손히 전달
- 받는 사람의 입장을 고려하여 전달 (글자의 방향이 상대방을 향하도록 하고, 펜 등은 바로 사용하기 편하도록 건냄)

〈방향 안내, 물건수수〉

## 5 전화응대하기

- 보이지 않는 커뮤니케이션으로 기업의 첫 이미지가 될 수 있으므로 중요하다.
- 시각적 요소를 배제하고 자신의 의사를 전달해야 하므로 많은 어려움이 있다.
- 음색과 음성의 크기, 톤, 속도, 말투, 억양 등의 청각적인 요인을 잘 활용하여 상대방이 편안함을 느낄 수 있도록 한다.
- 상대방이 앞에 있는 것처럼 표정이나 자세, 태도에 주의해야 한다.
- 고객이 우리 기업과 관계를 형성 할 수 있다는 사명감을 가지고 항상 밝고 친절한 목소리로 응대해야 한다.

**전화 응대의 3:3:3 기법**

- 전화가 3번 울리기 전에 받는다.
- 전화 내용은 3분 이내로 한다.
- 전화는 상대방이 끊은 후, 3초 후에 내려놓는다.

| | |
|---|---|
| 목소리 | - 미소 띤 얼굴로 대화한다.<br>- 말씨는 분명하고 정중하게 하고, 음성의 높낮이와 속도에 유념한다.<br>- 전화를 통한 목소리는 평소보다 낮은 톤으로 들리므로 대면 응대 시의 목소리보다 톤을 조금 높여서 말한다. |
| 상황 확인 | - 전화 통화를 할 수 없거나 중요한 일을 하고 있는 상황일 수 있으므로 상대방의 상황을 확인한다.<br>- 부득이하게 이른 시간이나 늦은 시간에 전화를 걸 때에는 상대방에게 정중하게 양해를 구하고 통화 가능 여부를 묻는다. |
| 준비 사항 | - 전달할 내용을 간단히 정리하고 전화 응대를 시작한다.<br>- 책상 위에 항상 메모 할 준비를 해 놓는다. |
| 용건 전달 | - 용건은 간단히 통화한다.<br>- 통화 연결할 때나 관련 내용을 확인 할 때 상대방을 너무 오래 기다리게 하지 않는다.<br>- 전화 통화 시 주위 사람들에게 방해가 되지 않도록 조용히 이야기한다. |
| 종료 시 | - 밝고 명량한 목소리로 끝인사를 하고, 상대방이 먼저 전화를 끊은 것을 확인한 후 수화기를 내려놓는다.<br>- 전화를 끊을 때에는 먼저 전화를 건 쪽이 먼저 끊는 것은 맞으나, 상사나 고객일 경우는 상대방이 먼저 끊는 것을 확인하고 수화기를 내려놓는 것이 예의이다. |

〈전화 예절〉

## 6 기내서비스 대화 연습하기

- 항상 밝은 표정과 정중한 자세를 유지한다.
- 승객의 눈을 보고 바른 자세로 대화 및 서비스 한다.
  (장시간 대화 시 에는 눈높이 자세 유지)
- 창가손님 먼저, 노약자 먼저, 여성 먼저 서비스 한다.
- 승객의 좌석이나 등받이에 몸을 기대거나 손이 닿지 않도록 한다.
- 좌측 승객에게는 왼손으로, 우측 승객에게는 오른손으로 서비스한다.
  (단, 뜨거운 음료나 무거운 물건일 경우에는 편한 손으로 서비스 한다.)
- 서비스시나 회수 시 승객의 머리위로 트레이나 기타 서비스 용품이 오가지 않도록 주의한다.

## 7 서비스 대화 연습하기

### ① 탑승 시

- 시선은 정면을 보며 승객 입장시 Eye contact을 한다.
- 공수자세
- 무릎은 붙이고 발모양은 11시 05분 자세를 취한다.
  - 안녕하십니까, 어서 오십시오.
  - 안녕하십니까, 탑승권 확인해 드리겠습니다.
  - 좌석 안내해드리겠습니다. 손님좌석은 이쪽 입니다.
  - 좌석 안내해드리겠습니다. 손님좌석은 건너편 입니다.
  - 짐은 선반 속에 보관해주시겠습니까.
  - 코트를 코트룸에 보관해드리겠습니다.
  - 실례합니다, 잠시 지나가겠습니다.
  - 죄송합니다만, 뒷손님께서 지나가실 수 있도록 부탁드립니다.

### ② 이륙 전 서비스

- Smile & Eye contact 한다.
- 경청의 자세를 취한다.
- 적극적 태도로 서비스 한다.
- 안전관련 사항은 강하거나 억압적인 느낌이 들지 않게 정중히 부탁드린다.
  - 신문입니다. 어떤 신문이 필요하십니까? 네 알겠습니다.
  - 이어폰 과 슬리퍼 준비해드리겠습니다.
  - 아기용 요람은 이륙 후 제가 장착해 드리겠습니다.
  - 좌석벨트를 착용해 주시겠습니까?
  - 좌석 등받이를 세워주시겠습니까?
  - 짐은 선반 속이나 좌석 밑에 보관해주시기 바랍니다.
  - 네, 곧 이륙할 예정입니다.

### ③ 음료 서비스

- 승객과 거리와 위치 각도를 잘 잡도록 한다.
  (80cm-1M. 승객과 45도 각도)

- 좌측 승객에게는 왼손으로, 우측 승객에게는 오른손으로 서비스 한다.

- 승객에게 주문을 받고 음료를 준비할 때도 미소를 유지한다.
  - 타올 준비해드리겠습니다. 뜨겁습니다, 조심하십시오.
  - 타올 치워드리겠습니다.
  - 음료 준비해드리겠습니다. 저희 오늘 시원한 음료로는 오렌지주스와 파인애플주스 그리고 콜라가 준비되어 있습니다. 따듯한 음료로는 커피와 녹차가 준비되어 있습니다. 어떤 것으로 드시겠습니까?
  - 음료한잔 더 드시겠습니까?

### ④ 식사 서비스

- 승객과 거리와 위치 각도를 잘 잡도록 한다.
  (80cm-1M. 승객과 45도 각도)
- 좌측 승객에게는 왼손으로, 우측 승객에게는 오른손으로 서비스 한다.
- 승객에게 주문을 받고 음료를 준비할 때도 미소를 유지한다.
  - 오늘 식사로는 비빔밥과 소고기 요리가 준비되어 있습니다. 어떤 것으로 드시겠습니까?
  - 네, 비빔밥 준비해드리겠습니다.
  - 식사와 함께 와인 한잔 어떠십니까? 네, 화이트와인 곧 준비해드리겠습니다.
  - 맛있게 드십시오.

### ⑤ 기타

- 입국서류 준비해드리겠습니다.
- 면세품 판매합니다. 필요하신 물건이 있으면 말씀해 주십시오.
- 죄송합니다. 샤넬 컴팩트는 모두 판매 되었습니다. 혹시 대신 랑콤 컴팩트는 어떠십니까?
- 빈 좌석이 있는지 확인해보겠습니다. 잠시만 기다려주십시오.
- 감사합니다. 안녕히 가십시오.

**저자약력**

**▪심지연**

현) 백석문화대학교 관광학부 항공서비스전공 교수

대한항공 객실 사무장(12년 근무)

B항공사 객실승무원메이크업 강의 및 이미지메이킹 강사과정 강의

NCS 학습모듈 검토 위원

NCS기반 예비승무원을 위한

# 항공서비스 매너

발행일 | 2019년 4월 15일

발행인 | 모흥숙
발행처 | 도서출판 새로미

저자 | 심지연

주소 | 서울 용산구 한강대로 104 라길 3
전화 | 02) 523-5903~4
팩스 | 02) 2693-2437

E-mail | seromi@seromi.kr
Homepage | www.seromi.kr

ISBN | 978-89-6476-458-9
정가 | 18,000원